# 大絵馬ものがたり

1

# 稲作の四季

須藤 功 著

農文協

# 序――絵馬に託す願い

いつもは神社などには無関心だった人が、心配ごとができたとして急に神社に参拝《さんぱい》し、手を合わせて心配ごとの解消《かいしょう》を神にお願いしました。「困《こま》ったときの神頼《かみだの》み」です。この自分の都合で神頼《かみだの》みをする心根《こころね》は、日本人のだれもが持っているといってもよいかもしれません。神社に行って手を合わせれば、神はいつでも願いを聞《き》き届《とど》けてくれる、と無意識《むいしき》のうちに信じているからこそできる神頼《かみだの》みです。

絵馬とはどんなものか、これは若《わか》い人でもたいてい知っているでしょう。高校や大学、専門《せんもん》学校の受験、あるいは資格《しかく》試験の受験のときなどに、神社に行って合格祈願《ごうかくきがん》の絵馬を奉納《ほうのう》しませんでしたか。奉納《ほうのう》を親が勧《すす》めたか、それとも友達同士で決めたか、どちらにしても奉納《ほうのう》した時点で、無意識《むいしき》に持っていた、神はいつでも願いを聞《き》き届《とど》けてくれるという祖先《そせん》からの伝えを、確実《かくじつ》に受《う》け継《つ》いだことになります。

昭和49年（1974）2月に静岡県浜松市《しずおかけんはままつし》の伊場遺跡《いばいせき》から出土した、平安時代の縦《たて》7.3×横8.9センチメートルの小絵馬。脚《あし》が短く、ずんぐりした胴体《どうたい》の古代馬を思わせる。少しあげた右前脚《みぎまえあし》によって絵馬全体に動きが感じられる。上部の穴《あな》に紐《ひも》を通して吊《つ》り奉納《ほうのう》したのだろう。提供《ていきょう》・浜松市《はままつし》博物館

絵馬は、願いを聞《き》き届《とど》けてくれる神（神社）へ、生きた馬を献上《けんじょう》する代わりに、板に馬の絵を描《えが》いて奉納《ほうのう》したことに始まるとされ、その絵馬が生まれるまでの歴史的な事柄《ことがら》も知られています。

古来、馬は神の乗りものとして神聖視《しんせいし》されてきました。神（神社）へ献上《けんじょう》したのは、どうぞこの馬に乗って私《わたし》たちのところにおいでください、幸せをもたらしてください、という願いによるものでした。また神の乗りものである馬には呪力《じゅりょく》があると思われていました。たとえば日照りがつづいて田の水が不足しそうなときは、黒毛馬《くろげうま》を献上《けんじょう》して雨を降《ふ》らせてくださいと祈《いの》り、逆《ぎゃく》に晴れて欲《ほ》しいときには白馬《しろうま》を献上《けんじょう》したことが『続日本紀《しょくにほんぎ》』などに記されています。

各地で土で馬を形取った土馬《どば》（馬形《うまがた》）が発見されています。これは生きた馬の呪力《じゅりょく》を託《たく》して形作られたのではないかとされます。発見場所が古墳《こふん》、神社の社域《しゃいき》、井戸《いど》のあったところ、河川《かせん》のそば、窯跡《かまあと》などで、その場所で馬の呪力《じゅりょく》を頼《たよ》りに祭事あるいは呪術儀礼《じゅじゅつぎれい》を行なったのでしょう。奈良《なら》時代中期の撰進《せんしん》と考えられる『肥前國風土記《ひぜんのくにふどき》』佐嘉《さが》郡の条《じょう》に、川の上流にいる荒《あら》ぶる神は、通る人を半ば殺してしまうほど荒《あ》れるので、巫女《みこ》の占《うらな》いによって人形《ひとがた》と馬形《うまがた》をその神に献《けん》ずると、荒《あら》

5月15日が祭日の京都の葵祭《あおいまつり》。下鴨《しもがも》神社の社頭の儀《ぎ》の「牽馬《ひきうま》の儀《ぎ》」では、２頭の馬にそれぞれ４人の馬部《うまべ》がつき、舞殿《まいどの》のまわりを西から東へ３周する。写真にはないが、前の馬の少し先に馬寮使代《めりょうつかいだい》がいる。年によって白馬《はくば》のことがあるが、白馬《はくば》だと荘厳《そうごん》な美しさがいっそう映《は》える。平成20年（2008）撮影

ぶることをしなくなったと記されています。

しかし生きた馬を献上《けんじょう》することも、土馬《どば》を作って呪術《じゅじゅつ》を行なうことも、できたのは、権力者《けんりょくしゃ》か財力《ざいりょく》のある者にかぎられていました。元禄《げんろく》一二年（一六九九）の序《じょ》のある『神道名目類聚抄《しんとうみょうもくるいじゅしょう》』に、馬形《うまがた》を作ることのできない者が馬の絵を献上《けんじょう》し、のちにその図柄《ずがら》も変わってきたと記されています。

平成元年（一九八九）の秋、奈良《なら》市法華《ほっけ》町の平城宮跡《へいじょうきゅうあと》の長屋王邸宅《ながやおうていたく》から絵馬が出土しました。奈良《なら》時代前期のこの絵馬は、「最古の絵馬」の称《しょう》を更新《こうしん》しました。それまでは、昭和四九年（一九七四）二月に静岡県浜松《しずおかけんはままつ》市の伊場遺跡《いばいせき》から出土した、墨《すみ》で馬を描《えが》いた板、すなわち絵馬が最古とされていました。伊場遺跡《いばいせき》の絵馬は、奈良《なら》時代後期の記銘《きめい》のある木簡《もっかん》や土器《どき》と同じ地層《ちそう》から出土したもので、出土したところは池か沼《ぬま》の跡《あと》だったようです。出土したのは一〇枚《まい》ですが、墨痕《ぼっこん》の確認《かくにん》できるのは八枚《まい》、四枚《まい》は奈良《なら》時代、もう四枚《まい》は平安時代のもので、いずれも庶民《しょみん》が描《えが》いたのではないかとされます。興味深《きょうみぶか》いのは、平安時代の二枚《まい》は墨痕《ぼっこん》から牛の絵馬（一二頁《ぺーじ》）と考えられることです。

馬の絵で始まった絵馬に馬が多いのは確《たし》かですが、願いによってさまざまな絵が描《えが》かれるようになります。伊場遺跡《いばいせき》出土の絵馬は、絵馬が庶民《しょみん》の間に広まっていたことと合わせて、牛の図は馬以外の絵を描《えが》くこともすでに始まっていたことを示《しめ》しています。しかも馬と牛の絵馬が一緒《いっしょ》に出土したということは、牛にも馬と同じような呪力《じゅりょく》があると考えられていたのでしょう。

西日本では、牛は田畑で働いてくれる農耕《のうこう》に欠くことのできない家畜《かちく》でした。「田遊《たあそ》び」と呼《よ》ばれる民俗《みんぞく》芸能《げいのう》にも、この牛の働きが色濃《いろこ》く残されています。東日本では馬が使われました。その東西のおおよその境目《さかいめ》がこの浜松《はままつ》あたりになり、そこでは馬と牛が共に働いていたことも十分考えられます。

文化や生活に新しいものを取入れながら、一方で私《わたし》たちは古いものを見捨《みす》てることなく受《う》け継《つ》いできました。数は多くはありませんが、絵馬の変遷《へんせん》をたどることのできるものも、残され伝えられています。

京都府井手《いで》町の「左馬《ひだりうま》」。寝転《ねころ》んでひとりがようやくはいれるような巨大《きょだい》な岩の窪《くぼ》みに、今にも走り出しそうなこの像《ぞう》をどのようにして彫《ほ》ったのだろうか。像《ぞう》を見るのは難《むずか》しいが、注連縄《しめなわ》がかけられ、だれでも参拝《さんぱい》できるようになっている。平成20年（2008）撮影

たとえば毎年五月一五日に行なわれる京都の葵祭《あおいまつり》の「牽馬の儀《ひきうまのぎ》」です。葵祭《あおいまつり》というと、斎王代《さいおうだい》を中心とした行列、路頭《ろとう》の儀《ぎ》がよく知られ、美しい王朝絵巻《おうちょうえまき》を目のあたりにすることができます。

路頭《ろとう》の儀《ぎ》と並行《へいこう》して宮中の儀《ぎ》と社頭《しゃとう》の儀《ぎ》があります。「牽馬《ひきうま》の儀《ぎ》」は下鴨《しもがも》と上賀茂《かみがも》の両神社の社頭《しゃとう》の儀《ぎ》で行なわれるもので、馬寮《めりょう》使代《つかいだい》が馬二頭を退紅《あらぞめ》の褐衣《かちえ》を着けた馬部《うまべ》にひかせ、舞殿《まいどの》のまわりを西から東へ三周します。頭と尾《お》に葵桂《あおいかつら》と紙垂《しで》が結ばれている二頭の馬が、舞殿《まいどの》を通して本殿《ほんでん》と向かいあったとき、一声「ヒヒーン」と鳴いて、遠い昔の生きた馬の献上《けんじょう》を思い起こさせます。

馬寮《めりょう》使代《つかいだい》は「代」のつく今はこの日だけの役ですが、もとは左馬允《さまのじょう》と呼《よ》ぶ、六位武官《ろくいぶかん》の走馬担当者《そうまたんとうしゃ》が馬寮使《めりょうつかい》を勤《つと》めました。左馬允《さまのじょう》は律令制《りつりょうせい》の役職《やくしょく》のひとつです。この左馬允《さまのじょう》とは無関係で読みも違《ちが》いますが、「左馬」のつく名や名称《めいしょう》は今も見られます。

京都府井手《いで》町にある「左馬《ひだりうま》」は、数百トンもある巨大《きょだい》な御影石《みかげいし》の窪《くぼ》みに浮《う》き彫《ぼ》りにされた馬の像《ぞう》です。出典は不明ですが、そばの説明板に保延《ほうえん》三年（一一三七）五月六日建立とあります。女の人の芸ごと、裁縫《さいほう》、茶道《さどう》、生花《いけばな》、舞踊《ぶよう》などの上達の神として、京都や大阪《おおさか》からも参拝《さんぱい》にきたと書かれています。ただ、低い廂《ひさし》の裏側《うらがわ》に彫《ほ》られている感じで、写真は工夫すると撮《と》ることができますが、目で見るのは難《むずか》しいでしょう。もうひとつ気になるのは、右の写真でわかるように、馬の首が右向きになっていることです。

滋賀県《しがけん》に多いオコナイは、大きな鏡餅《かがみもち》が行事の中心となります。甲南市《こうなんし》市原《いちはら》のオコナイ（一月上旬《じょうじゅん》の土日）では、右頭《うとう》、左頭《さとう》、酒頭《しゅとう》の三個《こ》の鏡餅《かがみもち》が供《きょう》され、その鏡餅《かがみもち》に渡《わた》した十字の竹の四端《よつはし》に、馬を描《えが》いた小板、絵馬をはさみつけます。左まわりにするため馬の首は左向きになっています。この絵馬を「左馬《ひだりうま》」と呼《よ》び、縁起《えんぎ》のよい絵馬としています。これを見て気がつくのは、絵馬の馬は首が左向きのものが多いということです。といっ

て右向きが極端《きょくたん》に少ないというわけではなく、左向き、右向きで対の馬の絵馬もあります。

神奈川県《かながわけん》には「左馬神社《さばじんじゃ》」が数社あります。鯖《さば》、佐婆《さば》、佐波《さば》の字をあてた神社もあります。現在《げんざい》はおそらくないでしょうが、江戸《えど》時代には「左馬介《さまのすけ》」といった名前がかなりあったのではないかと思われます。絵馬では「明智左馬介湖水渡図《あけちさまのすけこすいわたりのず》」にその名が見られます。末広がりとして「八郎《はちろう》」の名を長男につけたように、縁起がよいとして「左馬」の名をつけたかもしれません、でもその縁起《えんぎ》の由来までわかっているわけではありません。

受験生が合格《ごうかく》を祈《いの》って奉納《ほうのう》するのは「小絵馬《こえま》」です。神社によって、新しい年の干支《えと》の「大絵馬《おおえま》」を社頭《しゃとう》に掲《かか》げたりします。この小絵馬《こえま》と大絵馬《おおえま》に寸法《すんぽう》の決まりはありません。

小絵馬《こえま》は一定の年限《ねんげん》で処分《しょぶん》されるものもありますが、大絵馬《おおえま》は絵が消えてしまうか、ひどく破損《はそん》するまで神社の拝殿《はいでん》や本殿《ほんでん》、絵馬堂、寺院の内陣《ないじん》などに永久《えいきゅう》に掲《かか》げられます。それもひとつの保存法《ほぞんほう》で、現在《げんざい》わかっているもっとも長く保存《ほぞん》されてきた大絵馬《おおえま》は、奈良県《ならけん》天理市の石上神宮《いそのかみじんぐう》にある、永享《えいきょう》四年（一四三二）八月一日の墨書銘《ぼくしょめい》がある「渡御祭礼図《とぎょさいれいず》」です。ただ剥落《はくらく》がひどく絵は部分的にしか見えないようです。本書に掲載《けいさい》の大絵馬《おおえま》で古いものは、京都市南区久世《くぜ》町の蔵王堂光福寺《ざおうどうこうふくじ》にある、天和《てんな》二年（一六八二）の記銘《きめい》がある「春耕図《しゅんこうず》」（二八頁《ぺーじ》）で、この方は剥落《はくらく》のない、きわめて状態《じょうたい》のよい大絵馬《おおえま》です。

大絵馬《おおえま》には畳《たたみ》三枚《まい》ほどの大きさのものもあります。下限《かげん》をどこにおくか、本書ではおおよそ横三〇センチメートルとしました。しかしそれより小さいものも必要に応《おう》じて掲載《けいさい》しますので、厳密《げんみつ》なものではありません。

現在《げんざい》、目にすることのできる大絵馬《おおえま》に描《えが》かれた絵は実にさまざまです。多彩《たさい》ということができますが、その本質《ほんしつ》は小絵馬《こえま》と同じように、こうしてください、こうありたいという神への願いや祈《いの》りをこめたものであることです。なかには村

京都府福知山市三和町にある大原《おおばら》神社の文久《ぶんきゅう》3年（1863）に再建《さいけん》された、風格《ふうかく》のある茅葺《かやぶき》屋根の絵馬堂。訪《おとず》れる者の心をなごませてくれる。少し離《はな》れた神田《しんでん》のそばに、再建《さいけん》された天地権現造《てんちごんげんづく》りの産屋《うぶや》がある。平成20年（2008）撮影

大原神社の絵馬堂の内部。四季農耕図《しきのうこうず》や天岩戸図《あまのいわとず》など十数点の大絵馬が掲《かか》げられている。右下は舞台《ぶたい》の一部で、かつてはこの舞台《ぶたい》で人形浄瑠璃《にんぎょうじょうるり》や農村歌舞伎《のうそんかぶき》が演《えん》じられた。青、赤、黄の張《は》り紙《がみ》には、ここで開催《かいさい》された短歌会の短歌が記されている。11月になると、ここは参拝《さんぱい》に訪《おとず》れた七五三《しちごさん》親子の記念撮影《さつえい》会場になる。平成20年（2008）撮影

のできごとや、何かの記念として奉納《ほうのう》したものもあります。また庶民《しょみん》とはかけ離《はな》れた藩主《はんしゅ》が奉納《ほうのう》した大絵馬《おおえま》もあります。でもそれらもみな、願いや祈《いの》りとともに、神（仏《ほとけ》）に絵でなんらかの意思を伝えようとしていることに変わりはありません。

大絵馬《おおえま》を見る楽しさ読む楽しさは、奉納《ほうのう》した人の意思をひもときながら、描《えが》かれた当時の文化や生活、技術《ぎじゅつ》などを読み取ることです。たとえば描《えが》いたときにはありきたりだった生活も、今は生活の歴史を知る貴重《きちょう》な資料《しりょう》となっています。

そうした多彩《たさい》な絵の大絵馬《おおえま》をどのように分類するか、今はまだ定義《ていぎ》はありません。青森県の八戸《はちのへ》市博物館の図録『八戸《はちのへ》の絵馬』ではつぎのように分類しています。

馬図・動物図・武者《むしゃ》図・物語図・歌仙《かせん》図・芸能《げいのう》図・祭礼と祭具図・風俗《ふうぞく》図・生業《せいぎょう》図・船絵馬図・神仏《しんぶつ》図・祈願《きがん》図・吉祥《きっしょう》図・算額《さんがく》・変形絵馬。

この分類は他の博物館などや大絵馬《おおえま》の研究者の間でもそれほど大きな違《ちが》いはないはずです。これらの項目《こうもく》の中身、すなわち描《えが》かれた絵の内容《ないよう》で中分類、小分類することもできます。特に武者《むしゃ》図と物語図にはさまざまな絵があり、かなりの数になるはずです。生業《せいぎょう》図では農業・漁業・製造《せいぞう》・建築《けんちく》・牧畜《ぼくちく》、運輸《うんゆ》などに中分類され、さらに小分類、細分類することもできます。

農業の小分類の稲作《いなさく》では、絵に共通性《きょうつうせい》のある農耕図《のうこうず》・四季耕作図《しきこうさくず》・春耕図《しゅんこうず》などに細分され、この稲作《いなさく》に関連して馬耕図・農具額《がく》・地租改正測量図《ちそかいせいそくりょうず》などがあります。

農耕図《のうこうず》（以下、四季耕作図《しきこうさくず》も含《ふく》む）は、春から初冬にかけての稲作《いなさく》の様子を一枚《いちまい》の板（紙）に描《えが》いたものです。種籾浸《たねもみひた》し・田打・代掻《しろか》き・種蒔《たねま》き・鳥追い・田植え・昼飯持ち・サナブリ・送水・草取り・稲刈《いねか》り・稲架《はざ》・脱穀《だっこく》・籾摺《もみすり》・俵詰《たわらづ》め・運送・蔵入《くらい》れなど、これらの作業のすべてが農耕図《のうこうず》や四季耕作図《しきこうさくず》に描《えが》かれているわけではありませんが、描《えが》かれていない作業を話題にして、稲作《いなさく》の四季をたどることができます。

奉納《ほうのう》者が自分で絵を描《えが》くのは小絵馬《こえま》では珍《めずら》しいことではありませんし、大絵馬《おおえま》でもありますが、特に大きな

愛知県設楽《したら》町にある田峰《だみね》観音堂の2月11日の田峰田楽《だみねでんがく》は、田遊《たあそ》びと田楽《でんがく》で構成《こうせい》されている。田遊《たあそ》びは稲作《いなさく》の四季を舞《ま》い演《えん》じるもので、写真の代掻《しろか》きでは、ベラベラ餅《もち》をくわえた牛役《うしやく》が、田に見立てた太鼓《たいこ》に向かい、四這《よつんば》いになって走りこむ。昭和40年（1965）撮影

愛知県新城市黒沢《しんしろしくろさわ》にある阿弥陀堂《あみだどう》の田楽《でんがく》は2月第一日曜日、稲作《いなさく》の場面の間に、畑作物の小豆を取ったり、植えた芋《いも》を、写真のように畑に見立てた太鼓《たいこ》の皮面《かわめん》で収穫《しゅうかく》したりする一番もある。昭和57年（1982）撮影

もの、また農耕図《のうこうず》などのように精緻《せいち》な描写《びょうしゃ》を求められるものでは、奉納《ほうのう》者が自ら絵筆をとることはなく、絵師《えし》に依頼《いらい》して描《えが》いてもらいました。

絵師《えし》のなかには身近で稲作《いなさく》の様子を見ていた人もいたようですが、依頼《いらい》があって資料《しりょう》や稲作《いなさく》を描《えが》いた手本を取《と》り寄《よ》せた絵師《えし》もいれば、見ていても細かな部分がわからないために手本によって仕上げた大絵馬《おおえま》もあったようです。それは農耕図《のうこうず》や四季耕作図《しきこうさくず》に、その土地にはない農具や作業が描《えが》かれていることから推測《すいそく》されます。しかしそれを違《ちが》っているとか、嘘《うそ》を描《えが》いたとかいうことをいわずに、自分たちのものとして社寺に奉納《ほうのう》しました。奉納《ほうのう》した人々は、違《ちが》いを話題にして半ば楽しむ、おおらかさとゆとりを持っていたのです。

農耕図《のうこうず》には、稲作《いなさく》のほかに土地の別の産業、たとえば綿作《わたさく》とか養蚕《ようさん》などがそれとなく描《えが》き添《そ》えられていたりします。それだけは決してはずさないように、絵師《えし》に頼《たの》んだかもしれません。いうまでもなく、稲《いね》の豊《ゆた》かな実りとともに、もうひとつの自分たちの産業もまた順調に行くように、神（仏《ほとけ》）に願うことを忘《わす》れなかったのです。

絵と人が舞《ま》い演《えん》じるという違《ちが》いがありますが、田遊《たあそ》びという民俗芸能《みんぞくげいのう》と農耕図《のうこうず》には似《に》たところがあります。どちらも稲作《いなさく》の四季を神（仏《ほとけ》）に示《しめ》して豊作《ほうさく》を願うこと、また稲作《いなさく》に土地の産業を加えた大絵馬《おおえま》と同じように、田遊《たあそ》びでも畑作物や養蚕《ようさん》などの土地の生活に密着《みっちゃく》した一番を加えていることです。それによって田遊《たあそ》びは土地の人々により身近なものになりました。田遊《たあそ》びを絶《た》やすことなく伝承《でんしょう》するための知恵《ちえ》であり工夫であったのですが、農耕図《のうこうず》もまた、自分たちの稲作《いなさく》を誇《ほこ》りに思い、その気持ちを子孫に伝えようとしたものだったと思われます。あるいは、それはどの大絵馬《おおえま》にもいえることかもしれません。大絵馬《おおえま》にはさまざまな暗示《あんじ》を発見させてくれる楽しみもあります。

須藤　功

## もくじ

「種籾選別」　滋賀県木之本町

「農耕図」部分　福岡県飯塚市椿・椿八幡宮

## 第三章　田に水を送る　89



## 第四章　稲作と農具と技術　117

「農耕図」部分　秋田県大仙市協和中淀川・中村神社

「水揚水車」　高知県中村市

「開田図」　山形県西川町・月山神社

# 凡例

◎大絵馬《おおえま》を掲載《けいさい》し、その大絵馬《おおえま》に描《えが》かれた光景が実生活ではどのようなものだったのか、という視点を加味し解説を試みる。

◎大絵馬《おおえま》の多くは神社の拝殿《はいでん》や絵馬堂、あるいは寺院内陣《ないじん》の上部に掲《かか》げられている。写真はその上部に掲げられた状態で撮影しているので、枠が台形になっているもの、隣接して掲げた大絵馬《おおえま》の一部が重なっているものもある。

◎解説および写真説明に記す「図」は絵、「額」は鎌《かま》や犂《すき》などの実物を貼《は》りつけた大絵馬《おおえま》を指す。

◎大絵馬《おおえま》の所在地は、市町村合併後の地名である。

◎須藤功が撮影した以外の借用写真には撮影者名を記した。

◎解説に掲載の『畫本通寶志《えほんつうほうし》』（『絵本通宝志』）は、享保《きょうほう》一四年（一七二九）に大阪で発行された。大阪の絵師・橘守國《たちばなもりくに》が、大阪近郊の農村で農耕の実際を見て描《えが》いたもので、全一〇巻の最初の巻に「四時農業《しじのうぎょう》」の題で一五葉の四季耕作図《しきこうさくず》が納められている。解説の挿図はその一五葉の一部である。掲載の挿図は静岡県農林技術研究所が所蔵する『畫本通寶志《えほんつうほうし》』のものである。

◎大絵馬《おおえま》の全体図につぎの情報を記した。

〈例〉

| | |
|---|---|
| 名称（巻ごとに一連番号を付す） | 四季農耕図（1） |
| 所在地 | 岩手県奥州市白山 |
| 社寺名　奉納の西暦年 | 白山神社　一八五八年 |
| 大絵馬の寸法（センチメートル） | 八八×一一二（縦×横） |
| 墨書 | 奉献　御寶前<br>安政五年戊午載<br>南呂朔日　當村施主　菅原萬右衛門 |

◎寸法の計れなかったものは記載しなかった。

◎墨書《ぼくしょ》の表記は原文の通りとした。

◎墨書《ぼくしょ》が不鮮明で読解不能の文字は□で示した。

## 第一章

# 神仏と田に遊ぶ

拝殿《はいでん》の正面上部に掲《かか》げた、明治23年（1890）奉納《ほうのう》の農耕図《のうこうず》。神殿《しんでん》を拝《はい》するとおのずと目にはいる。現代《げんだい》っ子《こ》はまったく知らない、見ることもできない稲作《いなさく》の様子が描《えが》かれているので、ときには話題になったりするという。奈良県《ならけん》大和高田市曽大根《そおね》・曽弥《そや》神社　平成20年（2008）撮影

## 田遊《たあそ》び

長い歴史を持つものから、新しく生まれたものまで、全国にはさまざまな芸能《げいのう》があります。そのなかで一年の決まった月日に、自分たちの神社や寺に、その土地の人々が奉納《ほうのう》する舞《まい》や踊《おど》りを民俗芸能《みんぞくげいのう》といいます。祖先《そせん》から受《う》け継《つ》いで、数百年というものも少なくありません。その数も多く、舞《まい》や踊《おど》りの内容《ないよう》によっていくつかに分類されています。

そのなかの稲作《いなさく》に関わる民俗芸能《みんぞくげいのう》は、実際《じっさい》の田植えにともなうものと、稲作《いなさく》の過程《かてい》を模擬《もぎ》的に演《えん》じるものとがあります。名称《めいしょう》は地域《ちいき》によって異《こと》なりますが、後者は総称《そうしょう》して田楽《でんがく》、あるいは田遊《たあそ》びといいます。田楽《でんがく》は田楽踊《でんがくおど》りもある田遊《たあそ》びです。

田遊《たあそ》びは全国に三二〇ほどあって、多くは初春に社寺に奉納《ほうのう》されます。次第や内容《ないよう》はそれぞれですが、太鼓《たいこ》の皮面《かわめん》あるいは神社の境内《けいだい》を田に見立て、稲作《いなさく》の一年をときには笑いを誘《さそ》いながら演《えん》じます。最後は豊作《ほうさく》の舞《まい》で締《し》めくくり、それを神仏《しんぶつ》に見てもらって、新しい年の豊作《ほうさく》を約束してもらうのです。

田遊《たあそ》びは、主に静岡県《しずおかけん》や愛知県のかぎられた地域《ちいき》に伝わる名称《めいしょう》ですが、これが総称《そうしょう》とされるのは、神仏《しんぶつ》とひとときを過《す》ごしながら豊作《ほうさく》を願い、約束を得るという、人と神仏《しんぶつ》の交渉《こうしょう》のさまをよく現《あら》わしている言葉だからです。田遊《たあそ》びの「遊」は、本来は神仏《しんぶつ》と遊ぶ、すなわちともに過《す》ごすという意味でした。

全国に一二〇余《よ》を数える「農耕図《のうこうず》」や「四季耕作図《しきこうさくず》」は、この田遊《たあそ》びの思想と同じ発想のものと思われます。田遊《たあそ》びは人が舞《ま》い演《えん》じますが、それを絵にして社殿《しゃでん》などに掲《かか》げたのです。

## 伝承資料《でんしょうしりょう》

昭和四〇年代（一九六五年前後）あたりまで、神社の拝殿《はいでん》はいつも開けられていて、子どもたちの遊び場にもなっていました。そこで子どもたちは、拝殿《はいでん》に掲《かか》げられた大絵馬《おおえま》を見るともなく幾度《いくど》も見たはずです。ときには、年長者が物知り顔で描《えが》かれている絵の説明をしたかもしれません。大絵馬《おおえま》は奉納《ほうのう》した人の祈《いの》りやこうありたいという願いをこめたものですが、農耕図《のうこうず》にしても漁業図にしても、また物語図や武者《むしゃ》図、祭礼図にしても、大絵馬《おおえま》を通して子どもたちに歴史や文化を伝える資料《しりょう》になっていました。

## 粉本《ふんぽん》

「農耕図《のうこうず》」や「四季耕作図《しきこうさくず》」には、手本を見て描《えが》いた絵があります。その手本の元絵や種本を胡粉《ごふん》で描《えが》いたことから生まれた言葉だそうです。

といいます。中国では、絵の下書きを胡粉《ごふん》で描《えが》いたことから「粉本《ふんぽん》」といいます。

「農耕図《のうこうず》」や「四季耕作図《しきこうさくず》」は屏風絵《びょうぶえ》にも見られます。中国の耕作《こうさく》と織物《おりもの》を描《えが》いた「耕織図《こうしょくず》」を粉本《ふんぽん》として描《えが》いた屏風絵《びょうぶえ》が多いといいます。大絵馬《おおえま》にも「耕織図《こうしょくず》」や、その「耕織図《こうしょくず》」を粉本《ふんぽん》として描《えが》いた屏風絵《びょうぶえ》を手本とした図があります。依頼《いらい》を受けた絵師《えし》が農耕《のうこう》の知識《ちしき》がなかったり、多少あっても、手本を見て描《えが》いたほうが正確《せいかく》に早く仕上げられるということもあったのでしょう。そのため、大絵馬《おおえま》を依頼《いらい》した人の土地にはない農作業や農具が描《えが》かれることもあります。

## 知識《ちしき》を得る

大絵馬《おおえま》には、描《えが》かれた当時、その土地ではすでに過去《かこ》のものになっていた農作業や農具も描《えが》かれていたりします。依頼者《いらいしゃ》が描《えが》くように頼《たの》んだのか、絵師《えし》が描《えが》き加《くわ》えたのかはわかりませんが、この過去《かこ》のものも、土地にはない農作業や農具も、土地の人々の間で大きな話題になったことが推測《すいそく》されます。どこのものなのかという詮索《せんさく》や、過去《かこ》の農作業の苦労話から、やがてこの農作業の方法や農具を土地でも受け入れてみようではないか、という話も出たかもしれません。

「農耕図《のうこうず》」や「四《し》季耕《こう》作《さく》図《ず》」は、実際《じっさい》に稲作《いなさく》にたずさわる人たちにも、そこから新たな知識《ちしき》を得る資料《しりょう》になっていたと思われます。

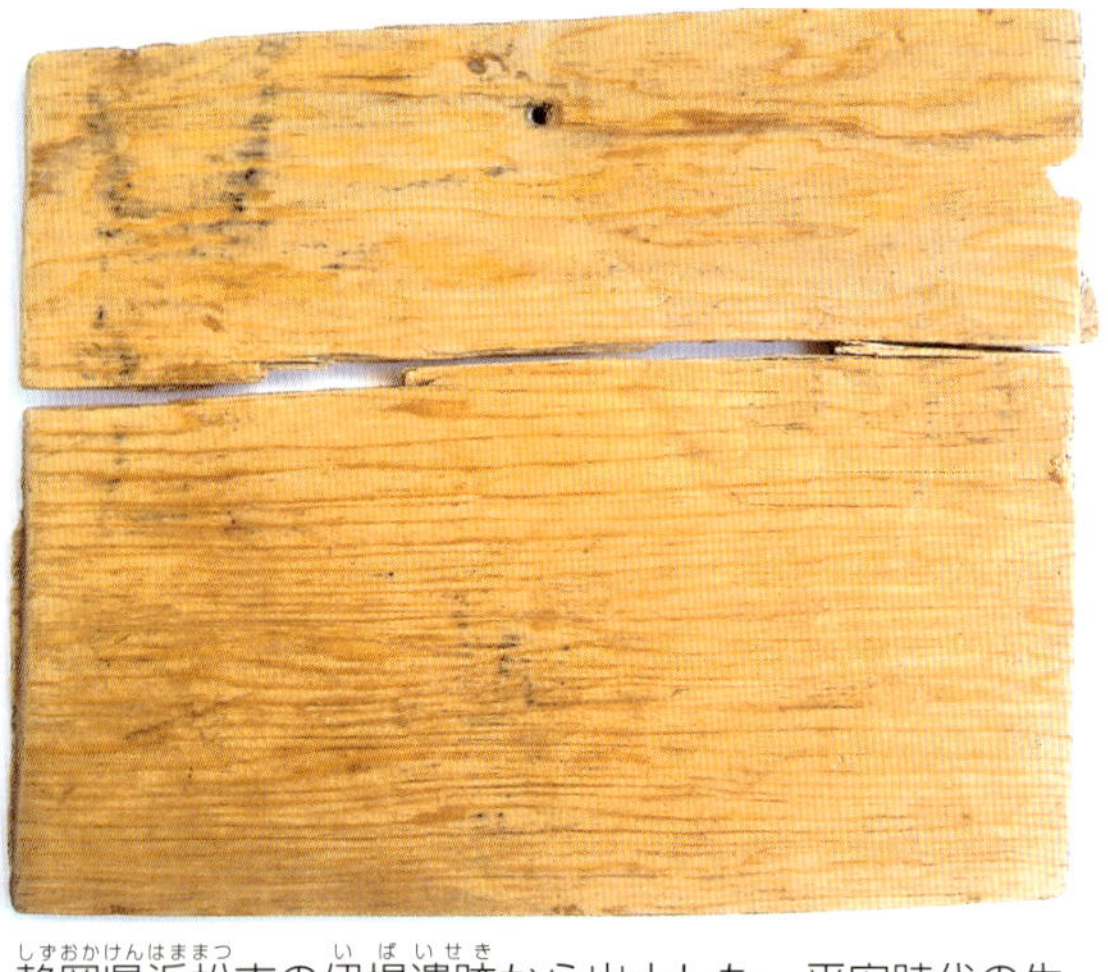

静岡県浜松市《しずおかけんはままつし》の伊場遺跡《いばいせき》から出土した、平安時代の牛（角が残る）の絵馬。提供《ていきょう》・浜松市《はままつし》博物館

明治23年（1890）奉納《ほうのう》の農耕図《のうこうず》（1）。当時の大和国中平野《やまとくんなかへいや》（奈良盆地《ならぼんち》）のどこでも見られた稲作《いなさく》の四季に、綿作《わたさく》の実綿《みわた》つみの光景が描《えが》き加えられている（左上）。綿織物《めんおりもの》などの原料となる実綿《みわた》は、現金収入《げんきんしゅうにゅう》の得られる国中平野《くんなかへいや》の大事な産業で、現在《げんざい》の大和高田市はその綿作《わたさく》の中心地だった。奈良県《ならけん》大和高田市曽大根《そおね》・曽弥《そや》神社　平成20年（2008）撮影

# 四季農耕図（1）

奈良県大和高田市曽大根《そおね》
曽弥《そや》神社　一八九〇年
一八一・五×二四〇・四

奉納
明治二三年□□　□□□道

## 土地の産業

民俗芸能《みんぞくげいのう》の田遊《たあそ》びは伝承《でんしょう》する土地で生まれたものではなく、だれかの手によって他から伝えられたものです。そのため土地にはなかったはずの農作業や農具を使った舞《まい》があったりします。そこに一つ二つ土地の産業が見られるのは、土地で田遊《たあそ》びを行なう意図をより明確《めいかく》にしようとしたからでしょう。

大絵馬《おおえま》も同じです。この「四季農耕《しきのうこう》図《ず》」では、大和国中《やまとくんなか》地方（奈良盆地《ならぼんち》）の主産業の一つだった木綿《きわた》の実綿摘《みわたつ》みの光景が加えられています。

実綿《みわた》は綿布《めんぷ》を織《お》る木綿糸《もめんいと》や綿《わた》の原料となります。天保《てんぽう》四年（一八三三）に刊行《かんこう》された大蔵永常著《おおくらながつねちょ》『綿圃要務《めんぽようむ》』には、〈綿《わた》を作ることは、大和国《やまとのくに》に始て作り、夫《それ》より河内《かわち》・山城《やましろ》・摂津《せっつ》・和泉《いずみ》の国々《くにぐに》専《もっぱ》ら丹誠《たんせい》して作り覚《おぼ》え〉と記しています。

大和高田市を中心に作られていた大和絣《やまとがすり》は、この木綿糸《もめんいと》で織《お》った正藍染《しょうあいぞめ》の夏の木綿白絣《もめんしろがすり》でした。

農耕図《のうこうず》（1）の部分図。苗代《なわしろ》にはいって種籾《たねもみ》を蒔《ま》いている。これだと水面が波立って蒔《ま》いた種籾《たねもみ》が寄《よ》せ集まり、苗《なえ》の育ちがわるくなる恐《おそ》れがある。

農耕図《のうこうず》（1）の部分図。田のなかの左の二人の農夫は棒《ぼう》を使って草取りをする。植えた稲《いね》が伸《の》び始めたころで、田の草もまだそれほどではないが、田の草はこまめに取《と》り除《のぞ》かなければならない。その右の男の人は、籠《かご》に入れた肥料《ひりょう》を撒《ま》いている。天秤棒《てんびんぼう》を肩《かた》に畦《あぜ》で立話をするのは田の主《あるじ》、祖母《そぼ》と一緒《いっしょ》に昼飯を運んできた。

農耕図《のうこうず》（1）の部分図。上の右は田植え、三人の早乙女《さおとめ》は手拭《てぬぐ》い被《かぶ》りである。旧暦《きゅうれき》5月の梅雨時で日差しはまださほどではなく、手拭《てぬぐ》い被《かぶ》りでよいのだろう。両端《りょうたん》の二人は赤い腰巻《こしまき》をしている。左の三人は饅頭笠《まんじゅうがさ》を被《かぶ》っている。暑い盛《さか》りの草取りのようである。下は犂《すき》を牛に引かせて田起こしをする。稲作《いなさく》の順番からすると最初の作業になるのだが、この図ではここにおいている。

## 牛で耕《たがや》す

田遊《たあそ》びが、いつ、どこで、だれが、どのようにして元の形を構成《こうせい》したのかということは、今となってはもうわかりません。一つだけいえるのは、西日本で構成《こうせい》されたのではないかということです。

そのわけは、演《えん》じる田起こしに西日本では普通《ふつう》だった牛が使われていることです。作りものの牛面を使った牛、はいはいする赤ちゃんや大人が四這《よつんば》いになって牛役を努めるもの、木製《もくせい》の牛が走りまわる田遊《たあそ》びなど、牛を使うことのなかったはずの東日本の田遊《たあそ》びでも、田起こしはやはり牛です。馬が田起こしをする田遊《たあそ》びはごくまれなようです。

西日本では古くから農耕《のうこう》に牛が使われていました。牛を飼育《しいく》していない地域《ちいき》では、農耕《のうこう》の時期だけ牛を借りて使う、「カリコ牛」の制度《せいど》を利用して田起こしをしました。

明治維新《いしん》後に描《えが》かれた大絵馬《おおえま》には、馬による田起こしも見られますが、江戸《えど》時代に描《えが》かれた大絵馬《おおえま》の「農耕図《のうこうず》」や「四季耕作図《しきこうさくず》」などは、ほぼ牛に犂《すき》を引かせて田起こしをしています。ほぼというのは、全国のすべての「農耕図《のうこうず》」などに目を通しているわけではないからです。江戸《えど》時代の図には馬も描《えが》かれていますが、引いているのは犂《すき》ではなく、起こした土を砕《くだ》いて平らにする代掻《しろか》きの馬鍬《まんが》（「まぐわ」ともいう）です。

牛は飼育《しいく》に手がかからないうえに、田起こしなどに使いやすかったからです。東北地方には古くから馬がいましたが、多くの田がいつも水のある湿田《しつでん》で、鍬《くわ》を振《ふ》りおろす人の力による田起こしでした。東北地方で馬に犂《すき》を引かせて田起こしをするのは明治維新《いしん》後です。

## 綿作《わたさく》

　大和国中《やまとくんなか》地方（奈良盆地《ならぼんち》）の木綿《きわた》は文禄《ぶんろく》三年（一五九四）に、中国の明《みん》より種子を得て植えられたといわれます。初めは畑でごくわずか作っていただけでしたが、綿布《めんぷ》のよさの高まりとともに、米のほかは作ってはならないとされていた田にも植えられるようになります。

　綿作《わたさく》は八十八夜（五月初め）のころ種を蒔《ま》き、一〇月に実綿《みわた》を摘《つ》みます。たくさんの肥料《ひりょう》と多大な労力、そのうえ豊凶《ほうきょう》の差の大きい綿作《わたさく》でしたが、うまく収穫《しゅうかく》するとかなりの収益《しゅうえき》をあげることができました。二年ほど綿作《わたさく》をして再《ふた》び田にもどすと、ほとんど肥料《ひりょう》をやらなくても稲《いね》はよく実りました。綿作《わたさく》への肥料《ひりょう》で土が肥《こ》えていたからです。また綿作《わたさく》は水を必要としないので、田に入れる水の苦労も綿作《わたさく》では軽くなりました。

農耕図《のうこうず》（1）の部分図。稲刈《いねか》りをする三人のうしろでは、ひとりが刈《か》った稲《いね》を縄《なわ》で束《たば》ね、ひとりはその束《たば》ねた稲《いね》を運ぶために肩《かた》においている。下方の図はそれをさらに大きく束《たば》ね、牛の背《せ》と枴《おうご》で運んでいる。

農耕図《のうこうず》（1）の部分図。牛の背《せ》と枴《おうご》で運ぶ稲《いね》は、稲架《はざ》に掛《か》けて数日間、天日干《ぼ》しをするはずだが、それは描かれていない。この図は摺臼《すりうす》で籾摺《もみす》りをして俵詰《たわらづ》めにする様子で、稲作《いなさく》の終わりに近い作業である。摺臼《すりうす》の手前にあるのは唐箕《とうみ》の上部で、この唐箕《とうみ》を使った作業も当然あったはずである。

農耕図《のうこうず》（1）の部分図。現在《げんざい》の10月ころ、三人は田地の木綿《きわた》の実綿《みわた》をつんでいる。大和国中平野《やまとくんなかへいや》（奈良盆地《ならぼんち》）の綿作《わたさく》は、初め畑地でのわずかな栽培《さいばい》だったが、衣料としての木綿《もめん》の需要《じゅよう》が高まるにつれて、田地での綿作《わたさく》も増大《ぞうだい》する。天和《てんな》2年（1682）の史料に、田地の40パーセントを綿作《わたさく》にあてていた村もあるという。ただし田地は通年ではなく、稲《いね》と木綿《きわた》を交互《こうご》に輪作した。大和国中平野《やまとくんなかへいや》は、当時の国の経済《けいざい》の中心地だった京大阪《きょうおおさか》に隣接《りんせつ》していたこと、他の地域《ちいき》ではまだ綿作《わたさく》の技術《ぎじゅつ》が十分でなかったことが、実綿《みわた》や加工した木綿糸《もめんいと》などの商品価値《かち》を高めたとされる。右の写真は春日《かすが》大社（奈良市《ならし》）の参道に並《なら》ぶ燈籠《とうろう》で、左は現在《げんざい》の大和高田市、左は大和郡山市の綿問屋が奉納《ほうのう》した。

左の燈籠《とうろう》に、天保《てんぽう》7年（1836）11月、和州高田（大和高田市）などの刻銘《こくめい》がある。平成20年（2008）撮影

農耕図《のうこうず》（1）部分図。肥料《ひりょう》をやる農夫と話す田の主《あるじ》は、田植えのときにいう「昼飯持ち」の役目をする。田の草取りなどをしてくれている人たちに昼飯を出すのだろう。天秤棒《てんびんぼう》の左右の籠《かご》にはどんなおかずの昼飯がはいっているのだろうか。右の連れは祖母《そぼ》らしい。右手に薬罐《やかん》、左手に徳利《とっくり》を持っている。

## 昼飯持ち《ひるめしも》

稲作《いなさく》のなかで、もっとも人手を要した田植えは、どこでもたいてい結《ゆい》でした。隣近所《となりきんじょ》や同姓《どうせい》の数軒《すうけん》で組を作り、たとえば、山田家の田植えに佐藤家の人がきたら、今度は佐藤家の田植えに山田家の人が行って田植えをするのです。賃金《ちんぎん》ではなく、互《たが》いに働いて返すので「労働交換《ろうどうこうかん》」ともいいました。

そうした田植えのときの楽しみは、何といっても昼飯でした。田植えをする家では、結《ゆい》できてくれる人のために、心をこめて美味《おい》しい昼飯を用意します。昼近くになると、田植えの家のだれか（二、三人の場合もある）が、用意した昼飯を持って田に出向きます。その昼食を運ぶ人を「昼飯持ち《ひるめしも》」といいました。

「昼飯持ち《ひるめしも》」は民俗芸能《みんぞくげいのう》の田遊《たあそ》びにも見られます。男の人が女房役《にょうぼうやく》に扮《ふん》してその役になりますが、大きな腹《はら》をしています。妊娠《にんしん》していて田植えはできないが、昼飯を用意して運んでくることはできるということです。さらに大きな腹《はら》、孕《はら》んでいるということは稲穂《いなほ》の実り、すなわち豊作《ほうさく》につながっているのです。

大きな腹巻姿の幼な子を連れた母親は、昼飯を入れたハンギリを頭上においている。風呂敷包みは飯、三段の重箱にはおかずがはいっているのだろう。『畫本通寶志《えほんつうほうし》』挿図。

『月次風俗図屏風《つきなみふうぞくずびょうぶ》』（室町時代）の部分図。いっぱいはいった大きなハンギリを頭上において、なんとも豪華《ごうか》な「昼飯持ち」の一行である。一行が向かう左方には田植えをする大勢《おおぜい》の人がいる。所蔵《しょぞう》・東京国立博物館

## 鳥追い

左は『月次風俗図屏風《つきなみふうぞくずびょうぶ》』（八曲一隻《はっきょくいっせき》）の田植えの部分で、この左の屏風《びょうぶ》（未掲載《みけいさい》）には、大勢《おおぜい》の早乙女《さおとめ》による田囃子《たばやし》入りの田植え風景が描《えが》かれています。その人数からすると、図のようなたくさんの昼飯も必要かなと思います。「昼飯持《ひるめしも》ち」の背後《はいご》には、子どもが鳴子《なるこ》を引いて、苗代《なわしろ》の鳥追《とりお》いをする光景が描《えが》かれています。

畦《あぜ》に座《すわ》って昼飯。竹籠《たけかご》のサツマイモを食べる。馬鍬《まんが》を引いて田ならしをする馬も、飼葉桶《かいばおけ》の飼料《しりょう》を食べている。秋田県横手市。昭和38年（1963） 撮影・佐藤久太郎

3月15日の英彦山《ひこさん》神社「御田祭《おんだまつ》り」の「昼飯持ち」。男の人がお腹《なか》の大きい女房役《にょうぼうやく》に扮《ふん》している。福岡県《ふくおかけん》添田町《そえだ》。昭和53年（1978）撮影

農耕図《のうこうず》（1）の部分図。犂《すき》は使われていた地域《ちいき》や形、作りなどで分類される。鉄製《てっせい》の犂先《すきさき》をつける床《とこ》（台）による分類では、無床《むしょう》、短床《たんしょう》、中床《ちゅうしょう》、長床《ちょうしょう》があり、図は関西地方に多い長床犂《ちょうしょうすき》（唐犂《からすき》）のようである。牛の牽引《けんいん》方法、すなわち犂《すき》の引《ひ》き綱《づな》を牛の体につける方法にも違《ちが》いもあった。図は力の出る頸引法《くびひきほう》である。農夫は右手に手綱《たづな》を持っている。

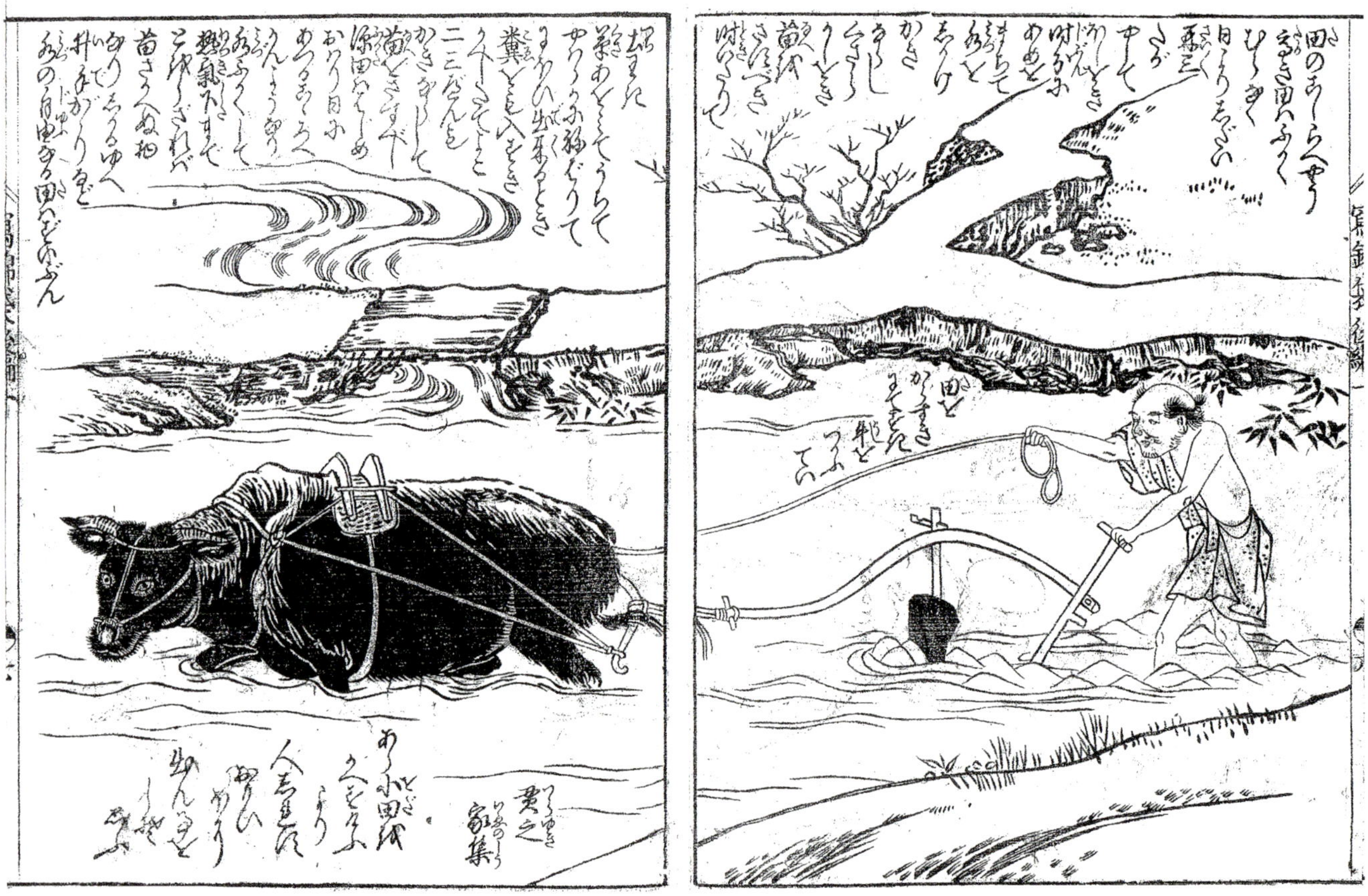

牛に犂《すき》を引かせて田起しをする。農夫が握《にぎ》る手綱《たづな》の上に「田をからすきにてすき　牛をつかふてい」とある。関西地方に多かった唐犂《からすき》を肩引胴引併用法《かたひきどうひきへいようほう》で牛に引かせている。ただ犂先《すきさき》のついている位置に疑問《ぎもん》が残る。二枚《まい》板の橋が架《か》かる水口《みなくち》から勢《いきお》いよく水が流れこんで、池のような川のような田であることも気にかかる。『畫本通寳志《えほんつうほうし》』挿図

西日本の稲作《いなさく》では牛がよく働いた。写真は6月最初の日曜日に行なわれる広島県の「花田植」で、田植え（32・33頁《ぺーじ》）の前にまず飾《かざ》り牛が代掻《しろか》きをする。現在《げんざい》は民俗芸能《みんぞくげいのう》とされるが、大地主の田植えで実際《じっさい》に行なわれていたものだった。広島県北広島町壬生《みぶ》。昭和54年（1979）撮影

## 牛が主役

人が演《えん》じる田遊《たあそ》びの牛は、地域《ちいき》それぞれに特徴《とくちょう》がありますが、いずれも元気に動きまわることでは共通しています。その元気が稲作《いなさく》に乗《の》り移《うつ》り、今年もまた、豊作《ほうさく》になるような気になると農家の人はいいます。

実際《じっさい》に田で働く牛は、馬よりずっとゆったりと、静かに犂《すき》を引きました。牛はまた背《せ》に荷を置いたり大八車を引いたり、運搬《うんぱん》でも頼《たよ》りにされました。もう一つ、牛糞《ぎゅうふん》は堆肥《たいひ》に生かされ、作物を育てるのに役立ちました。

鹿児島県《かごしまけん》では稲作《いなさく》の民俗芸能《みんぞくげいのう》を「打植祭《うちうえまつり》」と総称《そうしょう》するが、旧串木野市《きゅうくしきのし》・深田《ふかだ》神社の旧《きゅう》2月2日の打植祭《うちうえまつり》を「ガウンガウン祭」と呼《よ》んでいる。活躍《かつやく》するのはやはり牛で、牛面《うしめん》をつけた元気な青年が、境内《けいだい》を動きまわる。鹿児島県《かごしまけん》いちき串木野《くしきの》市野元。昭和57年（1982）撮影

農耕図《のうこうず》（1）の部分図。二人の農婦《のうふ》は苗《なえ》取りをする。取った苗《なえ》は一握《ひとにぎ》りずつ藁《わら》でしばる。田の大きさにもよるが、苗《なえ》取りは田植えの朝早くから家族全員でするのが普通《ふつう》だった。左の農夫は取った苗《なえ》を竹籠《たけかご》に入れて、天秤棒《てんびんぼう》で田植えをする田に運んで行く。

田植えではできないが、苗《なえ》取りは腰《こし》かけて作業をすることもできる。この家では田植えの前日に家族と親戚《しんせき》で苗《なえ》取りをした。群馬県渋川《ぐんまけんしぶかわ》市北橘《きたたちばな》町。昭和43年（1968）撮影

上の説明に、苗《なえ》が7、8寸《すん》（約25センチメートル）に伸《の》びたころが植えしお（田植え好機）だが、山田では風で倒《たお》れないように短めの苗《なえ》、深田には長めの苗《なえ》にするなどとある。『畫本通寶志《えほんつうほうし》』挿図

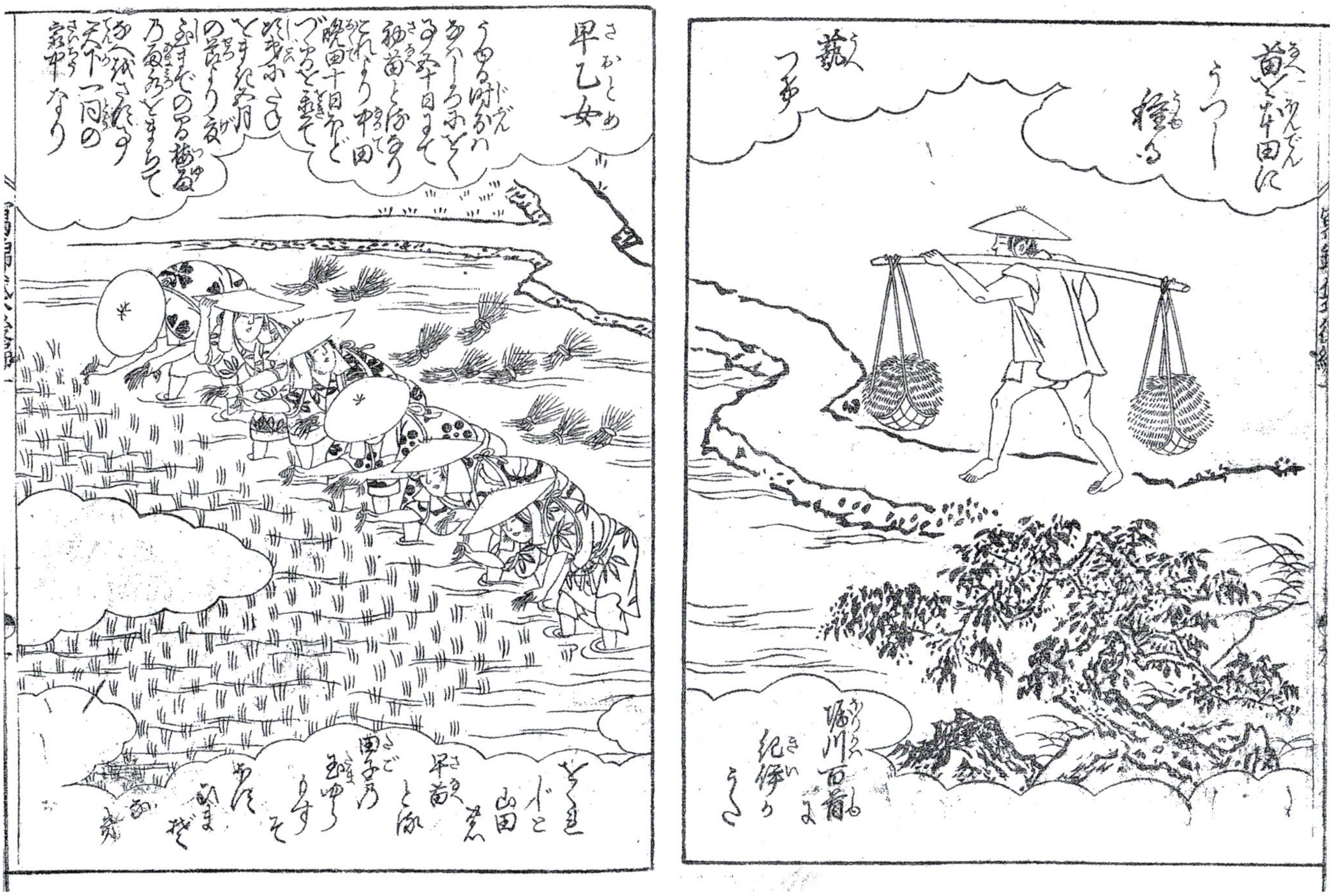

左図の上の説明に、苗は苗代で50日ほど育ててから取り早稲《わせ》のあと、中稲《なかて》、晩稲《おくて》は10日ほどの間隔《かんかく》で植える。田植えはどこでも梅雨を待ってするなどと記している。早乙女《さおとめ》の笠《かさ》は同じだが、着物の柄《がら》は一様ではない。右図の苗《なえ》運びは、竹籠《たけかご》ではなく畚《もっこ》を使っている。『畫本通寶志《えほんつうほうし》』挿図

ことを成すのに、手を抜《ぬ》いてよいというところは一つもありませんが、稲作《いなさく》ではうっかりでも手を抜《ぬ》いたらもう秋の収穫《しゅうかく》は望めません。一つ一つていねいに稲作《いなさく》の作業を進めました。そのなかでも特に苗《なえ》の育苗《いくびょう》には気を配りました。

## 苗半作《なえはんさく》

「苗半作《なえはんさく》」といって、苗《なえ》のよしあしが稲作《いなさく》の半分を決めるといいました。苗《なえ》がわるければいつもの年の倍も三倍も気を配り、よい方向に向けなければなりません。

苗代《なわしろ》は家のすぐそばに置きました。目がとどいて、もし苗《なえ》に何か変わったことがあれば、すぐ手を打つことができたからです。その代わり、田植えをする田まで、苗《なえ》を運ぶ距離《きょり》が長くなりました。でもずっしりと重い苗《なえ》を運ぶのは男の役目でしたから、長くても心配はいりませんでした。

稲苗《いねなえ》を入れた竹籠《たけかご》を天秤棒《てんびんぼう》で担《かつ》ぎ、田植えの田に運んでいる。水がたまらないように、目の粗《あら》い竹籠《たけかご》を使っている。京都府京都市左京区大原。昭和45年（1970）撮影

## 田植図（2）

山形県庄内《しょうない》町余目仲《あまるめなか》町
余目八幡神社《あまるめはちまんじんじゃ》　一八九七年　七三×一四五
明治卅年八月十五日
應需柳水筆　（他に四人の名前を記す）

5枚《まい》の田で、菅笠《すげがさ》を被《かぶ》った人たちがひたすら田植えをする。4枚《まい》の田の立っている女の人は、稲苗《いねなえ》を手渡《てわた》す役と思われる。中央の畦《あぜ》を天秤棒《てんびんぼう》で稲苗《いねなえ》を運ぶ二人がいる。うしろは女の人、前の男の人は長柄振《ながえぶり》を肩《かた》においている。長柄振《ながえぶり》は稲苗《いねなえ》を手渡《てわた》す役の近くまで押《お》しやるのに使う。左端《ひだりはし》の二人の男の人は「昼飯持ち」、天秤棒《てんびんぼう》のうしろには大きな風呂敷包《ふろしきづつ》み、前の天秤棒《てんびんぼう》の先には鉄鍋《てつなべ》が掛《か》けてある。鉄鍋《てつなべ》のなかは味噌汁《みそしる》か、それとも別の鍋《なべ》料理なのだろうか、楽しい昼どきが想像《そうぞう》される。平成20年（2008）撮影

田植えももう終わりに近い。顔に落ちる菅笠《すげがさ》の影《かげ》から、陽はだいぶ西に傾《かたむ》いているようだ。手持ちの稲苗《いねなえ》がなくなって背《せ》を伸《の》ばした早乙女《さおとめ》は、テッポウハダコと呼《よ》ぶ上衣にハネッコハラマキ（前掛《まえか》け）、スネッコデダチという下衣を着けている。東北地方では、田植えをする早乙女《さおとめ》は、土地それぞれの野良着をきちんと着ける習わしだった。秋田県湯沢《ゆざわ》市。昭和30年代　撮影・加賀谷政雄

## 早乙女《さおとめ》

田植えをする女の人を「早乙女《さおとめ》」といいます。「早」は早いという意味ではなく、五月《さつき》、早苗《さなえ》、サナブリなどといった、稲作《いなさく》に関連する言葉の初めにつく「さ」ということです。また「乙女《おとめ》」ということから若《わか》い女性《じょせい》を連想しますが、人妻《ひとづま》も老婆《ろうば》も、田植えの日はみな乙女《おとめ》と呼《よ》ばれました。

元禄《げんろく》八年（一六九五）刊行《かんこう》の『本朝食鑑《ほんちょうしょっかん》』に、〈本邦《ほんぽう》、苗《なえ》を種《う》ふる者は、大略農婦《おおかたのうふ》および娘子《むすめこ》、これを〝早乙女《さおとめ》〟と称《しょう》して、男子の種《う》ふる者は少なり〉とあります。

この記述《きじゅつ》は、本書に掲載《けいさい》した大絵馬《おおえま》にもあてはまるようです。元禄《げんろく》八年以前に描《えが》かれた京都市の蔵王堂光福寺《ざおうどうこうふくじ》の「春耕図《しゅんこうず》」（二八頁《ページ》）は別にして（男たちが植えている）、以後の大絵馬《おおえま》では確《たし》かに早乙女《さおとめ》が目立ちますが、男たちの姿《すがた》もないわけではありません。それは共同で田植えをする人のうち、男が多いか女が多いかという事情《じじょう》もからんでいたのかもしれません。

早乙女《さおとめ》とのつながりでよく引き合いに出されるのは、近松門左衛門《もんざえもん》の浄瑠璃《じょうるり》「女殺油地獄《おんなごろしあぶらのじごく》」の一節、〈三界《さんがい》に家ない女ながら五月五日の一夜を女の家と言うぞかし〉です。

屋根に蓬菖蒲《よもぎしょうぶ》をさした女の家に、女たちが籠《こも》って一夜を過《す》ごす京都周辺の習俗《しゅうぞく》を記していいます。五月五日は旧暦《きゅうれき》で現在《げんざい》の六月になります。梅雨どきで田植えの時期、女たちが女の家に籠《こも》るのは、早乙女《さおとめ》になるための精進《しょうじん》だったのでしょう。これは田植えは神仏《しんぶつ》に奉仕《ほうし》するのと同じ行為《こうい》だった、と考えられていたということです。

東北地方では、この神仏への奉仕の心が田植えに着《つ》ける野良着《のらぎ》にもこめられていました。

5月中旬《ちゅうじゅん》に行なわれる伊勢《いせ》神宮の神田《しんでん》の田植え。男女が交互《こうご》に一列に並《なら》び、うしろさがりに稲苗《いねなえ》を植える。男は白単衣《しろひとえ》に白襷《しろたすき》、侍烏帽子《さむらいえぼし》、女は白単衣《しろひとえ》に赤襷《あかだすき》、赤腰巻《あかこしまき》、手拭《てぬぐ》い被《かぶ》りである。野良着姿《すがた》の農家の田植えとは異《こと》なるが、大勢《おおぜい》の人の手で植える田植えの光景は、今はこうした神宮や神社の神田の田植えでしか見られなくなった。三重県伊勢《いせ》市。昭和58年（1983）撮影

## 春耕図（3）

京都府京都市南区上久世《かみくぜ》町
蔵王堂光福寺《ざおうどうこうふくじ》　一六八二年
九三×一三九

奉懸御寶前
諸願成就　皆令満足
天和二年戌極月吉日
政重筆　（願主　七名の名を記す）

### 皆令満足《かいれいまんぞく》

どんな願いをしたのか、とにかく七名の願いがすべてかない、そのお礼にこの「春耕図《しゅんこうず》」を奉納《ほうのう》したようです。稲作《いなさく》の四季ではなく、田植えだけを描《えが》いた一枚《いちまい》で、今わかっている農耕図《のうこうず》では、二番目に古いものです。

作業をするどの顔にもあくせくしたものはなく、のどかな田園風景のように見えます。でもこうありたいという大絵馬《おおえま》の意図を裏返《うらがえ》すと、意外な厳《きび》しさがあったのかもしれません。

上部に赤鳥居《あかとりい》があり、拝殿《はいでん》では剣先烏帽子《けんさきえぼし》に白装束《しろしょうぞく》の男が、笛太鼓《ふえたいこ》の囃子《はやし》で舞《まい》をまっています。諸願成就《しょがんじょうじゅ》の祝いの舞《まい》なのでしょう。拝殿《はいでん》は平成二〇年に再建《さいけん》されましたが、この大絵馬《おおえま》に描《えが》かれている鳥居《とりい》は、参道の入口に今も立っています。

天和《てんな》2年（1682）は、5年後に「生類憐《しょうるいあわれ》みの令《れい》」を出す徳川綱吉《とくがわつなよし》が将軍《しょうぐん》になって2年目、9月に井原西鶴《いはらさいかく》が『好色一代男』を刊行《かんこう》し、12月には「八百屋お七の火事」といわれた江戸《えど》の大火があった。この「春耕図」は同じ12月の奉納《ほうのう》である。徳川綱吉《とくがわつなよし》も江戸《えど》の大火も久世《くぜ》町の人々には無関係で、自分たちの生活を守るために、ひたすら米作りに勤《いそ》しんでいる。平成2年（1990）撮影

春耕図（3）部分図。木枝《きえだ》を半円形に曲げてさし立てたところは水口《みなくち》だろう。二つ立てたひとつは、つぎに田植えをする田の水口《みなくち》だろうか。水口は稲作《いなさく》の命ともいうべき水の取入口だけに、単に木枝《きえだ》をさし立てただけではなく、水がしっかりはいって稲《いね》が育つように、祭事を行なったはずである。

秩父《ちちぶ》市・椋《むく》神社の「御田植祭《おたうえまつ》り」は3月3日に神社境内《けいだい》で行なわれる。写真は鳥居前《とりいまえ》の参道に設《もう》けた水口《みなくち》で，春耕図の水口と似《に》ているが、右下に頭、左下に尻尾《しっぽ》をおいた藁蛇《わらへび》でもある。同じ水口《みなくち》は4月4日の秩父《ちちぶ》神社の「御田植祭《おたうえまつ》り」にも見られる。埼玉県秩父市蒔田《まきた》。昭和54年（1979）撮影

苗代《なわしろ》田の水口《みなくち》のそばにさし立てたカユカキボウとハラミバシ。どちらも家庭の小正月行事に使ったもので、ハラミバシは妊娠《にんしん》した腹《はら》の形に作った箸《はし》。小正月にこの箸《はし》で食事を取り、稲《いね》がよく孕《はら》むように願う。水口《みなくち》に立てるのも同じ願いである。群馬県東吾妻町《ぐんまけんひがしあがつままち》松谷《まつや》。昭和44年（1969）撮影

## 水口《みなくち》

水田というように、米は水がなければできません。その水の取り入れ口を「水口《みなくち》」といい、田一枚《いちまい》ごとにかならずあります。

田植えあとのいろいろな農作業のなかで、水の管理が特に大切なことは今も変わりません。たとえば寒暖《かんだん》によって田に入れる水の量を調整しますが、その水も水口《みなくち》を経由《けいゆ》します。水口《みなくち》は稲《いね》を育てるかなめであり、農家の人々は水口《みなくち》をとても大事にしてきました。

「水口開《みなくちあ》け」という一番のある田遊《たあそ》びもあります。長々と祭文《さいもん》を読みあげるところもあれば、まず穂長尉《ほながのじょう》という役が出て東に向かい、「このところへ七珍万宝《しっちんまんぽう》の宝物《たからもの》を入りみなくち」と唱え、ついで福太郎《ふくたろう》という役が西に向かい、「このとこへ来まじきものは、天下の不浄《ふじょう》、内外の悪事《あくじ》、一切《いっさい》悪《あ》しきことをば、これより南泥《なんでい》の海の方へやりみのくち」と唱えます。

七珍万宝《しっちんまんぽう》とはあらゆる宝物《たからもの》ということで、水を取入れる東の水口《みなくち》はその宝物《たからもの》、西の水を流し出す水口《みなくち》からは、不浄《ふじょう》や悪事《あくじ》をすべて流し出してしまうというのです。

中国地方では田の神をサンバイといい、田植えの朝、田の主《あるじ》は水口《みなくち》でサンバイオロシをして豊作《ほうさく》を願う。広島県神石高原《じんせきこうげん》町豊松《とよまつ》。昭和47年（1972）撮影

春耕図（3）部分図。田植えをする人のうしろで母子が踊《おど》る。笛太《ふえたい》
鼓《こ》は見あたらないので、母子は自ら歌い踊《おど》っているようだ。田植え
作業を円滑《えんかつ》にし、かつ稲《いね》の成長を促《うなが》す意味もあるのだろう。

春耕図に描かれたような、自ら歌い踊《おど》る素朴《そぼく》な姿《すがた》とは別に、仮面《かめん》を着けて笛太鼓《ふえたいこ》で踊《おど》り、田植えを囃《はや》す芸能《げいのう》はすでにあった。そのままではないが、その一部を組み入れた民俗芸能《みんぞくげいのう》は今も各地に見られる。大地主の田植えに取入れた写真の「花田植」もそのひとつである。いっせいに打ち出される力強い太鼓《たいこ》の響《ひび》き、桴《ばち》さばきの芸もある。広島県北広島町壬生《みぶ》。昭和54年（1979）撮影

10月18・19日の白髭《しらひげ》神社の祭礼に奉納《ほうのう》される「川久《かわく》保田楽《ぼでんがく》」。花笠《はながさ》の少年が古楽器の編木《ささら》をすり鳴らしながら神前《しんぜん》で舞《ま》う。中世の田楽踊《でんがくおど》りを彷彿《ほうふつ》とさせる。佐賀《さが》県佐賀《さが》市久保泉《くぼいずみ》町川久保《かわくぼ》。昭和47年（1972）撮影

## 花田植《はなたうえ》

田の水は川から引いたり、溜池《ためいけ》の水を利用したりしました。どちらにしても田までは長い距離《きょり》になり、個人《こじん》でできることではなかったので、地つづきの田の持主が共同で用水路を開きました。水の配分は上部にある田から順番になります。この順番はそのまま田植えの順番になり、都合があるからとその順番を変えることはできませんでした

田植えはどこでもたいてい結《ゆい》で行ないましたが、結《ゆい》に行く順番も水の配分でおのずと決まりました。ただ広い田を持つ大地主の場合は、大勢《おおぜい》の人手を必要としたので、結《ゆい》を越《こ》えた集落のほとんどの人による田植えになりました。それには指揮《しき》役、まとめ役が必要となります。

中国地方の「囃子田《はやしだ》」とも「花田植《はなたうえ》」ともいわれる田植えでは、それをサンバイと呼《よ》ぶ男たちの田唄《たうた》と、早乙女《さおとめ》たちのうしろで打ち鳴らす太鼓《たいこ》の響《ひび》きがまとめ役と指揮《しき》役になりました。

「花田植」の早乙女《さおとめ》の前に立つのがまとめ役のサンバイ。田唄《たうた》を歌いながら両手に持った竹製《たけせい》の摺編木《すりささら》を合わせ打ち、太鼓《たいこ》の音とともに田植えを調子よく進める。広島県北広島町壬生《みぶ》。昭和54年（1979）撮影

越後《えちご》一ノ宮のある弥彦山《やひこさん》側から東を見た図で、手前は信濃川《しなのがわ》分流の西川、上部は信濃川《しなのがわ》と推測《すいそく》される。江戸《えど》時代の西川は、越後《えちご》米や木綿《もめん》を運ぶ河川《かせん》交通として重要な役割《やくわり》を果たしていた。西川沿《ぞ》いの旧粟生津《きゅうあおうづ》村（現燕市《げんつばめし》）の人々も西川の船運に関わりながら、米作りに勤《いそ》しんだ。地図を見てもわかるように、そこには広大な田地が広がっている。この四季農耕図《しきのうこうず》はそこで働く人々の幸せと、併《あわ》せて豊作《ほうさく》を願ったものだろう。平成21年（2009）撮影

# 四季耕作図《しきこうさくず》（4）

新潟県燕市下粟生津《にいがたけんつばめししもあおうづ》　一八一九年
赤坂諏訪《すわ》神社　一二一六×一八九二

（朱印）時明　（朱印）惇徳
（裏面）
奉納
文政二己卯年三月廿九日
亀倉圓満寺
兵部卿勝友

## 働く人々

この大絵馬は、「下粟生津《しもあおうづ》四季《しき》生業《せいぎょう》図《ず》絵馬《えま》」の名称《めいしょう》で、燕《つばめ》市の有形民俗文化財《ゆうけいみんぞくぶんかざい》の指定を受けています。

図が奉納《ほうのう》された赤坂諏訪《すわ》神社と、記銘《きめい》にある圓満寺《えんまんじ》はそれほどはなれていません。江戸《えど》時代の寺と神社は密接《みっせつ》につながっていましたから、画面に占《し》める寺の割合《わりあい》が少なくないこの図が、神社の拝殿《はいでん》正面に掲《かか》げられていても不思議ではなかったはずです（現在《げんざい》は同じ大きさのこの図の写真を掲示《けいじ》）。

図の絵には粉本《ふんぽん》からと推測《すいそく》されるものもありますが、働く人の姿《すがた》はもとより、馬に乗る武士《ぶし》も旅人もみな生き生きと描《えが》かれています。

農耕《のうこう》で気がつくのは、馬鍬《まんが》を引く馬の代掻《しろか》きはありますが、犂《すき》による馬耕は見られないことです。また静かな寺と対比《たいひ》するかのように、活気に満ちた右下の脱穀調製《だっこくちょうせい》のなかの扱箸《こきばし》の光景は、あるいは越後《えちご》の人がいう「古《ふる》しいこと」、すなわちもう昔のことだったのかもしれません。

四季耕作図《しきこうさくず》（4）部分図。武士《ぶし》を乗せた馬の下は苗代《なわしろ》で、すでに種籾《たねもみ》が蒔《ま》かれ、鳴子《なるこ》を吊《つ》るす鳥追いの縄《なわ》も張《は》られている。描《えが》かれた鳥はいずれも燕《つばめ》のようである。右の苗代《なわしろ》にはいっている人は、浮《う》いた種籾《たねもみ》を泥中《でいちゅう》に沈《しず》める作業をしているのだという。左下は風呂鍬《ふろぐわ》での田起こし、その上では種籾蒔《たねもみま》きをする。左の道を廻国修行者《かいこくしゅぎょうしゃ》と魚を売り歩くボテフリが行く。

四季耕作図《しきこうさくず》（4）部分図。中央の三枚《まい》の左の田では7人が田植えをする。早乙女《さおとめ》の間に男の人も混《ま》じっているようだ。なかの田の畦《あぜ》では交代した人が休んでいる。休んでいるほうにやってくる3人は昼飯持ち、その左の田では柄振《えぶ》りで田ならしをしている。三枚《まい》の右端《みぎはし》の田では馬鍬《まんが》で代掻《しろか》き、その左上の畦《あぜ》では相撲《すもう》を取っている。相撲《すもう》の光景は農耕図《のうこうず》によく見られる。

四季耕作図《しきこうさくず》（4）部分図。向きあった左の人が持つ竹製《たけせい》の扱箸《こきばし》の間に、右の人が稲穂《いなほ》をはさんで引くと籾《もみ》が落ちる。扱箸《こきばし》はのちに台に差し立て、ひとりで作業をするようになる。長岡藩《ながおかはん》の記録に、享保《きょうほう》年中（1716～1735）に千歯扱《せんばこき》（134～137頁《ページ》）になったとある。長岡藩《ながおかはん》からさして離《はな》れていないこの地で、それより約100年後に、なおこうして脱穀《だっこく》をしていたのだろうか。

四季耕作図《しきこうさくず》（4）部分図。図の右隅《みぎすみ》に遠慮勝《えんりょが》ちに描《えが》かれ、うっかりすると見落としかねない猿《さる》まわしの絵である。赤の衣装《いしょう》に剣先烏帽子《けんさきえぼし》を被《かぶ》り、右手に鈴《すず》、左手に扇子《せんす》を持った猿《さる》が三番叟《さんばそう》を踊《おど》って豊作《ほうさく》を祝福している。俵《たわら》に片足《かたあし》をおき縄掛《なわが》けをする若《わか》い男の人が、笑いながらそれを見ている。手前の4人は親子だろうか。農村ということから見ると、着物も履物《はきもの》もなかなか上品である。一体にこの大絵馬《おおえま》の色遣《いろづか》いは華《はな》やかである。

## おんだ

近畿《きんき》地方で稲作《いなさく》に関わる民俗芸能《みんぞくげいのう》がもっとも多いのは奈良県《ならけん》で、四〇余《よ》を数えます。それを多く「御田植《おたうえ》」が正式名ですが、略《りゃく》して「御田」、「おんだ」と読んでいます。

奈良市《ならし》菅原《すがはら》町は、菅原道真《すがわらのみちざね》を生んだ菅原《すがわら》氏が住んでいたところです。同氏の氏神だった菅原《すがわら》神社のおんだは戦後に中絶《ちゅうぜつ》しましたが昭和五〇年（一九七五）に復活《ふっかつ》し、毎年二月二五日に行なわれています。注連縄《しめなわ》を張《は》った境内《けいだい》の庭を神田《しんでん》に見立て、翁《おきな》面を着けた田主《たあるじ》がまず祭壇《さいだん》の前で水口祭《みなくちまつ》りを行ないます（左写真の砂盛《すなも》り）。ついで種蒔《たねまき》、田鋤《たすき》、肥入《こえ》れ、代《しろ》ならしとつづき、最後に稲苗《いねなえ》に見立てた松葉を見物人に授《さず》けます。

人気があるのは田鋤《たすき》です。黒装束《くろしょうぞく》に牛面《うしのめん》を着けた少年が、田主《たあるじ》が操作《そうさ》する犂《すき》を引きます。初めはおとなしく歩いていますが、見物人の「おとなしい牛だな」の声に、牛役は田主《たあるじ》がへたるほど勢《いきお》いよく走りまわります。

このおんだの犂《すき》は実用の犂《すき》にそっくりです。奈良県《ならけん》では他のおんだにもこのような犂《すき》が見られますが、他県の田遊《たあそ》びにはたしてあるかどうか、ないとすれば、なぜ伝わらなかったのか、研究課題のひとつになりそうです。

菅原《すがわら》神社の「おんだ」。とりまいた見物人から声援《せいえん》が飛び、拍手《はくしゅ》も送られる人気の「田鋤《たすき》」。お捻《ひね》り（紙に包んだ硬貨《こうか》）もたくさん投げこまれる。唐犂《からすき》を引く牛役の少年は、このあと勢《いきお》いよく走りまわる。年配の翁面《おきなめん》の田主《たあるじ》は息を切らし、うろたえ、その姿《すがた》に大きな笑いが起きる。奈良《なら》県奈良《なら》市菅原《すがはら》町。平成21年（2009）撮影

小泉《こいずみ》神社の「おんだ」の田植え。横一列に並《なら》んだ早乙女《さおとめ》役の巫女《みこ》が、稲《いね》苗《なえ》に模《も》した松葉を、神田《しんでん》に見立てた境内《けいだい》の庭に二束ずつおいていく。奈良《なら》県大和郡山市。平成21年（2009）撮影

## 稲苗《いねなえ》

奈良県《ならけん》のおんだに見られる、実用の犁《すき》と同じような犁《すき》は使いませんが、他県の田遊《たあそ》びでは、牛があたかも犁《すき》や馬鍬《まんが》を引いているかのように演《えん》じます。

おんだでは、束ねた松葉《まつば》を稲苗《いねなえ》として田植えをします。この松葉《まつば》の稲苗《いねなえ》は他県の田遊《たあそ》びにも見られます。松葉《まつば》は田遊《たあそ》びを行なう冬にも緑濃《こ》くめでたさを象徴《しょうちょう》していること、束《たば》ねると稲苗《いねなえ》によく似《に》ることから用いられてきたのでしょう。

菅原《すがわら》神社のおんだの次第に田植えはなく、松葉《まつば》の稲苗《いねなえ》は欲《ほ》しい人に授《さず》けられます。大和郡山市小泉町の小泉《こいずみ》神社のおんだ（二月一一日）では、境内《けいだい》の神田《しんでん》に見立てた庭に、早乙女《さおとめ》役の巫女《みこ》が松葉《まつば》の稲苗《いねなえ》をおいて田植えとします。終えると見物人はその松葉《まつば》の稲苗《いねなえ》を競って拾いあげます。田植えのとき水口《みなくち》に供《そな》えるのもよし、また神棚《かみだな》に供《そな》えておくとお金に恵《めぐ》まれるといい、菅原《すがわら》神社でも同じように聞きました。

「おんだ」の松葉を束ねた稲苗《いねなえ》と、種蒔《たねまき》に蒔《ま》かれた小豆と米を手にする少年。熱心に拾っていた。奈良《なら》県奈良《なら》市菅原《すがはら》町。平成21年（2009）撮影

現在《げんざい》わかっている秋田県の農耕図《のうこうず》（名称《めいしょう》はそれぞれ異《こと》なる）は6枚《まい》、江戸《えど》時代、明治時代が各2枚《まい》、大正・昭和が各1枚《まい》ある。大正7年（1918）奉納《ほうのう》のこの「農耕図《のうこうず》」には、犂《すき》による馬耕とともに、昔からの鍬《くわ》での田起こしも描かれている。新旧《しんきゅう》は脱穀調製《だっこくちょうせい》にも見られ、稲作《いなさく》の歴史を描いたということもできる。新旧《しんきゅう》を描くのは他の大絵馬にも見られる。平成20年（2008）撮影

## 農耕図《のうこうず》（5）

秋田県大仙《だいせん》市協和中淀川《きょうわなかよどかわ》
中村神社　一九一八年
九〇・〇×一八三・五

奉納
大正七年旧七月廿七日
白岩青年會
石川北谷翁画

大仙《だいせん》市は秋田県のほぼ中央にある米どころ、白岩青年會《しらいわせいねんかい》の「白岩」は集落（小字）名です。

杉林《すぎばやし》のなかの中村神社の拝殿《はいでん》に掲《かか》げられた農耕図《のうこうず》を仰《あお》ぎ見《み》て、まず注目したのは、早乙女《さおとめ》たちが一様に赤い腰巻《こしまき》をしていることです。

### 赤い腰巻《こしまき》

赤い腰巻《こしまき》の早乙女《さおとめ》は、今でも神社の田植祭りに見られます。江戸《えど》時代に描《えが》かれた農耕図《のうこうず》にもまったくないわけではありませんが、いつからするようになって、赤い腰巻《こしまき》にどのような意味があったのか、ということになると定かではありません。

吸血蛭《きゅうけつひる》の多かった東北地方の田に、脚《あし》に何もつけずに腰巻《こしまき》だけではいるのは危険《きけん》です。そこでもう一度、目を凝《こ》らしてよく見ると、早乙女《さおとめ》たちの脚《あし》は肌色《はだいろ》ではなく黒く描《えが》かれています。股引《ももひ》きのような野良着をつけているようです。

根拠《こんきょ》のない想像《そうぞう》ですが、かつて女たちが腰巻《こしまき》のほかに下着をつけなかった時代、植えたばかりの稲《いね》には、腰巻《こしまき》の奥《おく》が見えたはずです。それは稲《いね》を勃起《ぼっき》させる、言葉を変えると、稲《いね》を素早《すばや》く成長させるのに効果覿面《こうかてきめん》だったかもしれません。

農耕図《のうこうず》（5）部分図。右上で苗《なえ》取りをして、そのすぐ下で赤い腰巻《こしまき》の早乙女《さおとめ》が田植えをする。手持ちの稲苗《いねなえ》がなくなって背《せ》を伸《の》ばした早乙女《さおとめ》に、男の子が畦《あぜ》から稲苗《いねなえ》を投げている。立木の左、幼《おさ》な子《ご》を前に歩かせる母親は、右手に薬罐《やかん》、背負《せお》うのは昼飯だろうが、上は馬の飼料《しりょう》を入れる飼葉桶《かいばおけ》のようでもある。下の三人は田の草取りをする。

玉村町上樋越《かみひごし》にある神明宮《しんめいぐう》の2月11日の「春鍬祭《はるくわまつり》」。田遊《たあそ》びだが、氏子から選ばれた「鍬持《くわもち》」と呼《よ》ばれる50人ほどの男たちが、クロヌリ（畦《あぜ》の補強《ほきょう》）とサクキリ（苗《なえ》の根元に土を入れる）を演《えん》じるだけである。それに使う鍬《くわ》は榊《さかき》の枝《えだ》に餅《もち》をくくりつけたもので、春鍬祭《はるくわまつり》の名はその鍬《くわ》に由来するらしい。クロヌリを終えてサクキリに移《うつ》るとき、水をまわすといって酒をまわす。写真の鍬持《くわもち》たちはその水を飲んでいる。足らない鍬持《くわもち》には何度でも水をまわす。群馬《ぐんま》県玉村町上樋越《かみひごし》。昭和47年（1972）撮影

## 感染所作《かまけわざ》

民俗学《みんぞくがく》でも今はほとんど使われなくなった感染所作《かまけわざ》は、神仏《しんぶつ》の前で演《えん》じる所作は、そのまま感染《かんせん》して実際《じっさい》になるということです。

大きくは田遊《たあそ》びなどもその例になりますが、この言葉を生んだ歌人で民俗学者《みんぞくがくしゃ》の折口信夫《おりくちしのぶ》は、田楽《でんがく》や田遊《たあそ》びに見られる、男根《だんこん》を用いて抽象的《ちゅうしょうてき》に演《えん》じる性交《せいこう》の所作は、それが感染《かんせん》してたくさんの稲穂《いなほ》が生まれ、豊作《ほうさく》になることと説明しています。

3月3日の秩父《ちちぶ》市・椋《むく》神社の「御田植《おたうえ》祭《まつ》り」の田植え。ここではワラミゴ（稲藁《いねわら》の芯《しん》）を稲苗《いねなえ》として、12人衆《しゅう》と呼《よ》ばれる白丁姿《はくちょうすがた》の男たちが、「一本植えれば千本になーれ」などと歌いながら、神田《しんでん》に見立てた境内《けいだい》に植えるしぐさをする。埼玉県秩父《ちちぶ》市蒔田《まきた》。昭和54年（1979）撮影

徳川家康《とくがわいえやす》に縁《ゆかり》の鳳来寺《ほうらいじ》で1月3日に行なわれる「鳳来寺田楽《ほうらいじでんがく》」は、27番の次第がある。25番の「苗《なえ》引きぼこ遊び」は、男女の交わりを象徴的《しょうちょうてき》に舞《ま》うもので、いうところの感染所作《かまけわざ》にあたる。「ぼこ」は子どもの人形のことだが、男根《だんこん》でもある。写真の年男と呼《よ》ばれる役が抱《かか》え手にするのが、そのぼこである。農耕図《のうこうず》には田遊《たあそ》びと共通する考えがあるといっても、農耕図《のうこうず》にこうした描写《びょうしゃ》はない。愛知県新城《しんしろ》市門谷《かどや》。昭和43年（1968）撮影

九十九里浜《くじゅうくりはま》の地曳網漁《じびきあみりょう》は、初めは関西からの出稼《でかせ》ぎ漁民による小規模《しょうきぼ》なものだった。漁網《ぎょもう》も藁製《わらせい》だったが、麻苧《あさお》を使うことで漁網《ぎょもう》は大きくなり、それにつれて漁船は大型化し、水主《かこ》も大勢《おおぜい》になる。ほぼ同時に網主《あみぬし》も生まれる。網主《あみぬし》は雇《やと》った水主《かこ》に食べさせせなくてはならない。それには田が必要だった。この大絵馬はそうした漁村と農村の密接《みっせつ》な関係を描《えが》いている。平成20年（2008）撮影

# 四季農村と漁村図（6）

千葉県大網白里町《おおあみしらさと》南今泉町《みなみいまいずみ》
稲生《いなお》神社　一八八七～九六
六二×九五
（文字剥落《はくらく》　明治二〇年代か）
當村
願主　大塚徳三郎

## 漁村の農業

一枚《いちまい》に稲作《いなさく》の四季と漁村の生活を描《えが》いた大絵馬は、この「四季農村と漁村図」のほかにはないようです。

右側に描《えが》かれた稲作《いなさく》は、脱穀《だっこく》調製《ちょうせい》、種籾《たねもみ》蒔《ま》き、代掻《しろか》き、田植え、稲刈《いねか》りで、右下には算盤《そろばん》を弾《はじ》く網主《あみぬし》で地主の一家が描《えが》かれています。

この大絵馬は北部から南部を見たもので、左上に描《えが》くのは太平洋に面した九十九里浜《くじゅうくりはま》の地曳網漁《じびきあみりょう》です。九十九里浜《くじゅうくりはま》の漁業は弘治《こうじ》元年（一五五五）に、暴風雨《ぼうふうう》で南白亀《なばき》（現白子町古所《ふるところ》）に漂泊《ひょうはく》した紀州（和歌山県）の漁師《りょうし》、西宮久助が地曳網漁《じびきあみりょう》を教えたことに始まるという説があります。

砂浜《すなはま》のつづく九十九里浜《くじゅうくりはま》では、漁船を浜《はま》から海に出すにも、もどった漁船を浜《はま》に揚《あ》げるにも、男女を問わぬ大勢《おおぜい》の人の力が必要でした。土地ではその人を「オッペシ」といいました。オッペシは海水をたっぷり浴びるので、女はパンツ、男は褌《ふんどし》ひとつで漁船を押《お》し出《だ》したりしました。

この大絵馬でも、パンツと褌《ふんどし》の男女が入り混じって地曳網《じびきあみ》を曳《ひ》いています。九十九里浜《くじゅうくりはま》の地曳網《じびきあみ》でたくさん獲《と》れたのは鰯《いわし》で、多くは田や畑に入れる魚肥《ぎょひ》になりました。

四季農村と漁村図（6）部分図。網主《あみぬし》の前の人は金貨を積んで数えている。この網主《あみぬし》家の上には脱穀調製《だっこくちょうせい》と蔵入《くらい》れが描《えが》かれている。網主《あみぬし》が手に入れた田の多くは、農家の人が金を借りる担保《たんぽ》として質入《しちい》れし、返済《へんさい》できないまま流れてしまった田である。その田を耕《たがや》したのは多く網主《あみぬし》と小作関係を結んだ水主《かこ》で、実際《じっさい》に稲作《いなさく》をしたのはその家族だった。

四季農村と漁村図（6）部分図。右上から、種籾《たねもみ》蒔《ま》き、馬による代掻《しろか》き、田植え、稲刈《いねか》りが描《えが》かれている。小作関係による稲作《いなさく》だから網主《あみぬし》には小作料がはいる。本業の地曳網漁《じびきあみりょう》の収入《しゅうにゅう》と合わせて、網主《あみぬし》の収益《しゅうえき》は莫大《ばくだい》と思われるが、実際《じっさい》に手にする収益《しゅうえき》は本当にわずかなものだった。それは地曳網漁《じびきあみりょう》にかかるさまざまな経費《けいひ》の支出《ししゅつ》が、収益《しゅうえき》にきわめて近い額《がく》だったからである。

四季農村と漁村図（6）部分図。九十九里浜《くじゅうくりはま》の地曳網漁《じびきあみりょう》では、浜《はま》で網《あみ》を曳《ひ》く人を「おかもん」といった。おかもんは「岡者《おかもの》」、すなわち田畑で働く人で、網曳《あみひ》きを手伝っても網元《あみもと》からの手間賃《てまちん》はなかった。そのその代わり、獲《と》れた鰯《いわし》を上等と下等にわけた、その下等の方の鰯《いわし》を籠《かご》に入れて持ち帰ることは許《ゆる》されていた。浜《はま》の中央あたりにいる黒羽織《くろはおり》の二人は、「網付商人《あみつきしょうにん》」だろう。獲《と》れた鰯《いわし》を半ば独占的《どくせんてき》に買い入れる商人で、網主《あみぬし》それぞれに20～30人が付属《ふぞく》していた。商人は買った鰯《いわし》を魚肥《ぎょひ》にして販売《はんばい》する。江戸《えど》時代初めころこの魚肥《ぎょひ》は畿内《きない》で多量に売れた。畿内《きない》の綿作《わたさく》生産（17頁《ページ》）の発展《はってん》にともない、木綿《きわた》への肥料《ひりょう》として注文が増《ふ》えたからである。

福岡県《ふくおかけん》には25枚《まい》の農耕図《のうこうず》がある。現在《げんざい》わかっている県単位の数では全国一である。筑前《ちくぜん》（福岡県《ふくおかけん》）は貝原益軒《かいばらえきけん》、宮崎安貞《みやざきやすさだ》、横井《よこい》時敬《ときよし》らの農学者を輩出《はいしゅつ》し、農民の農業に対する研究心もかなり高かったらしい。筑前《ちくぜん》のそうした農風土を頭に入れてこうした農耕図《のうこうず》を見ると、山奥《やまおく》の神社に掲《かか》げてあっても奉納者《ほうのうしゃ》の心がわかるような気がする。平成20年（2008）撮影

## 農耕図《のうこうず》（7）

福岡県《ふくおかけん》うきは市浮羽《うきは》町田籠《たごもり》
諏訪《すわ》神社（奉納《ほうのう》は江戸《えど》時代末と推定《すいてい》）
一五二×一九二

### 農の楽しさ

母親の背に負《せ》われた子や、抱《だ》かれて乳《ちち》を飲む子らを含《ふく》めて一二六人が描《えが》かれています。どの顔もみんな明るく、その個性《こせい》まで読み取ることができそうです。精緻《せいち》な描写《びょうしゃ》に滑稽味《こっけいみ》を漂《ただよ》わせ、農の楽しさ、米作りの喜びさえ伝わってきます。描《えが》いた絵師《えし》はわかりませんが、どのような人だったのでしょうか。

上部右半分の中央はサナブリの光景とされます。サナブリは、集落のすべての家の田植えが終えたところで設《もう》けた休息日で、骨休《ほねやす》めといって、そろって湯治《とうじ》に行くところもありました。

諏訪《すわ》神社を氏神とする田籠《たごもり》集落は、大分県境《けんきょう》に近い、福岡県《ふくおかけん》南東部の山間にあります。現在《げんざい》は半分の六〇戸ほどになってしまいましたが、一二〇戸の家があったころは子どもも大勢《おおぜい》いて、山間といってもそれなりに活気があったようです。

農耕図《のうこうず》の並《なら》びには、これもまた保存《ほぞん》状態《じょうたい》のよい「神功皇后伝絵図《じんぐうこうごうでんえず》」が掲《かか》げられています。二つの大絵馬《おおえま》を見ていると、山間の文化伝承《でんしょう》というものを考えさせられます。

農耕図《のうこうず》（7）部分図。種籾《たねもみ》を入れた俵《たわら》を川に浸《ひた》す。種籾《たねもみ》に水を吸収《きゅうしゅう》させて芽出しをよくするためで、春先から初冬までつづく稲作《いなさく》の始まりになる。この始まり、すなわちこのとき水に浸《ひた》す種籾《たねもみ》の良否《りょうひ》は秋の収穫量《しゅうかくりょう》として現《あらわ》れる。そこに着目して研究し、明治20年（1887）に完成させた横井時敬《よこいときよし》の「塩水選種法《えんすいせんしゅほう》」によって、だれでも簡単《かんたん》に種籾《たねもみ》の良否《りょうひ》の判別《はんべつ》ができるようになる。塩水に種籾《たねもみ》を入れて浮《う》いた籾《もみ》を不良とするもので、これによって苗代《なわしろ》にはよい種籾《たねもみ》だけ蒔《ま》くことができるようになった。熊本県《くまもとけん》に生まれた横井《よこい》時敬《ときよし》は、21歳《さい》の明治15年（1882）に福岡《ふくおか》農学校の教諭《きょうゆ》となり、福岡勧業《ふくおかかんぎょう》試験場長も勤《つと》めた。明治22年（1889）に上京し、明治44年（1911）に東京農業大学学長となる。現在《げんざい》の福岡市早良《さわら》区小田部《こたべ》に生まれ、この横井時敬《よこいときよし》の教えを受けた13歳《さい》年上の伊佐治八郎《いさじはちろう》は、庄内《しょうない》地方（山形県）の馬耕と乾田《かんでん》の指導《しどう》にあたり、米どころ庄内《しょうない》の基礎《きそ》作りに貢献《こうけん》した（161頁《ページ》参照）。

農耕図《のうこうず》（7）部分図。田籠《たごもり》の諏訪《すわ》神社の現在《げんざい》の収穫祭《しゅうかくさい》は11月30日、その2ヶ月前の9月30日に「子供相撲《こどもすもう》」がある。神事として奉納《ほうのう》される大事な相撲《すもう》だが、子どもが少なくなって子どもだけで決まった番数をこなすことができなくなり、近年、大人の取組みを設《もう》けたという。不本意とはいえ、それはこのサナブリに描《えが》かれた相撲《すもう》の復活《ふっかつ》ともいえるかもしれない。

## サナブリ

この農耕図《のうこうず》の奉納《ほうのう》を江戸《えど》時代末と推定《すいてい》するのは、男たちが髷《まげ》を結っているからです。

左上の赤い小祠《しょうし》が田籠《たごもり》の諏訪《すわ》神社かどうかはわかりませんが、神社の境内《けいだい》で、氏神に感謝《かんしゃ》の気持ちをこめてサナブリを楽しんでいるようです。

女をはべらせ、上半身はだけて酒を飲む男もいる酒宴《しゅえん》、顔はすでに赤くなっています。扇《おうぎ》を掲《かか》げて踊《おど》る人もいれば、嫌《いや》がる女の手を引いて、酒宴《しゅえん》に誘《さそ》いこもうとしている男もいます。

酒宴《しゅえん》の下には足芸が描《えが》かれています。左の芸人は、寝転《ねころ》んで伸《の》ばした左足に、しゃがんだ形で芸をする子どもをおいています。この芸をする子どもを、芸人は左足を巧《たく》みに動かして方向を変えるのでしょう。

寝転《ねころ》んだ右の芸人は、蓋《ふた》の上に立って芸をする子どもの樽《たる》を、伸《の》ばした両足で支《ささ》えています。この方は樽《たる》を両足で巧《たく》みにまわし、四方の人に子どもの芸を見せるようです。

赤褌《あかふんどし》と黒褌《くろふんどし》の男が相撲《すもう》を取っていますが、土俵《どひょう》はありません。赤褌《あかふんどし》の方は髪型《かみがた》からすると少年かもしれません。行司役が手にするのは軍配《ぐんばい》ではなく団扇《うちわ》です。

相撲《すもう》を取る二人の下に、亀《かめ》を引く裸《はだか》の子がいます。行司役の上に描《えが》く、二人が担《かつ》ぐ桶《おけ》のなかはおそらく濁酒《どぶろく》でしょう。このサナブリは、どうやら男たちだけが楽しんでいるようです。

農耕図《のうこうず》（7）部分図。サナブリの右に描《えが》かれた図で、左上の女の人は急須《きゅうす》などを入れた桶《おけ》を持っている。右の家のなかでは男の人が莚《むしろ》を編《あ》み、手前の女の人は莚《むしろ》を外に広げている。

農耕図《のうこうず》（7）部分図。畦《あぜ》を境《さかい》に右は田植え、左は草取りの図である。蓑笠《みのかさ》を着けて田植えをするのは、梅雨どきだからだろう。でも畦《あぜ》に座《すわ》って休息する3人の早乙女《さおとめ》には、雨が降《ふ》っている様子はない。円陣《えんじん》を作る形で田植えをするのも、横一列が普通《ふつう》と思っている人には珍《めずら》しい。左は稲《いね》がかなり伸《の》びてからの草取りである。

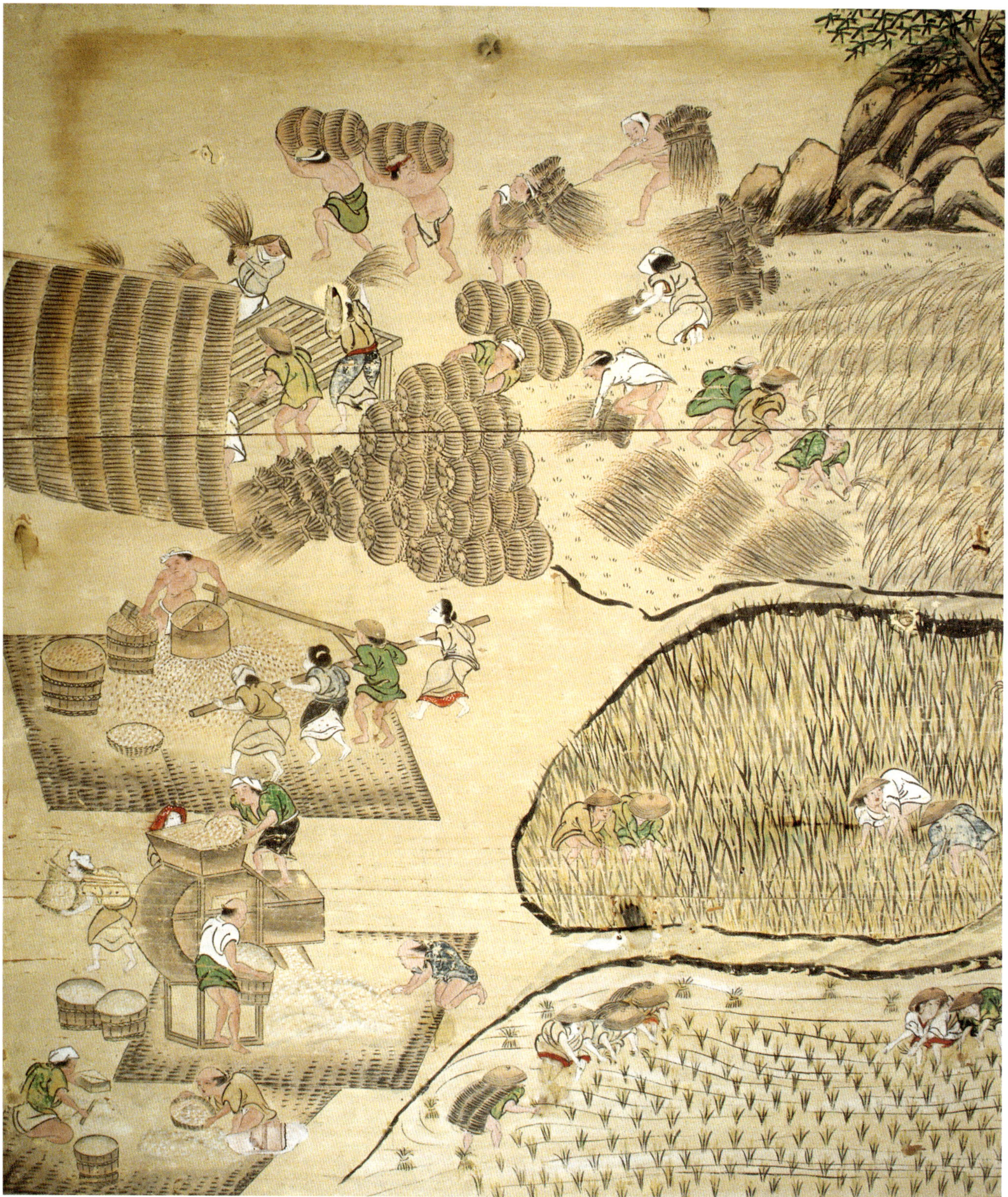

農耕図《のうこうず》（7）部分図。右上の稲刈《いねか》りに始まる一連の脱穀調製《だっこくちょうせい》の様子が描《えが》かれている。刈《か》った稲《いね》を束《たば》ねてすぐ打棚《うちだな》に運んでいるように見えるが、稲架《はざ》は描《えが》かれてはいないものの、天日干《ぼ》しをしてから運んでいるようにも見える。打棚《うちだな》は溝《みぞ》を設《もう》けた長方形の台で、そこに穂先《ほさき》を打ちつけて打穀（脱穀《だっこく》）する。この原初的な農具での原初的な脱穀《だっこく》は、同じうきは市の小椎尾《こじお》神社の農耕図《のうこうず》にも描《えが》かれている（132頁《ぺーじ》上）。打棚《うちだな》の下は摺臼《すりうす》での籾摺《もみすり》と唐箕《とうみ》での籾《もみ》と藁屑《わらくず》などの分別だが、唐箕《とうみ》は他に例を見ない形と大きさである。

農耕図《のうこうず》（7）部分図。馬と牛が運んできた米俵《こめだわら》を背《せ》からおろして運ぶ。ひとりはその米俵《こめだわら》を軽々と頭の上まで持ちあげて力自慢《ちからじまん》をしている。一俵《いっぴょう》の重量は約60キログラム、農家の若者《わかもの》ならこれを担《かつ》げなければ一人前《いちにんまえ》とはみなされなかった。

農耕図《のうこうず》（7）部分図。地主《じぬし》（あるいは庄屋《しょうや》か役人）の前で運ばれてきた米俵《こめだわら》の中を吟味《ぎんみ》する。地主《じぬし》の座《すわ》る台の前においた桶《おけ》の米について、羽織姿《はおりすがた》の吟味役《ぎんみやく》が、地主《じぬし》と何か話をしているようだ。桶《おけ》の向こうの男は、一升枡《いっしょうます》に入れた米を棒《ぼう》でかきわけているようだが、藁屑《わらくず》などのゴミの混《ま》じり具合を調べているのだろうか。吟味《ぎんみ》を終えた米を俵《たわら》にもどす人、一斗枡《いっとます》で米を計る人もいる。

『福岡県史《ふくおかけんし》　近代資料編《しりょうへん》』に、「耳納《みのう》の連山を背景《はいけい》に村の姿《すがた》がよく描《えが》かれ、山麓《さんろく》のお宮、家並《いえな》み、絵馬中央部右の溜池《ためいけ》や道などは現在《げんざい》もほぼ同じである」と記されている。同行28名の名には姓《せい》も記されている。江戸《えど》時代に庶民《しょみん》は姓《せい》を使えなかったとされるが、筑紫《つくし》地方（福岡県《ふくおかけん》）では、村の祭事などには姓《せい》を用いた。伊勢《いせ》参宮もそれに準《じゅん》じたのだろう。平成20年（2008）撮影

## 當村《とうそん》之《の》圖《ず》（8）

福岡県《ふくおかけん》うきは市吉井《よしい》町屋部《やべ》
老松《おいまつ》神社　一八五〇年
一九二×二八四

奉獻　當村之圖
嘉永三年戌年六月吉日
伊勢参宮
　同行中（二八名連記）
東肥林勝良　落款
東肥　勝良　方印

### 参宮《さんぐう》記念

江戸《えど》時代に筑《つく》紫《し》（福岡県《ふくおかけん》）の人々は伊勢《いせ》参宮に何日ほどかけたのでしょう。

往復《おうふく》とも脇目《わきめ》も振《ふ》らず、ただ歩きつづけるということはなく、むしろ途中《とちゅう》の寺社を訪《たず》ねる道草を食ったはずです。そのため日数は一行ごとに違《ちが》い、道中で受けた感動もまたそれぞれだったはずです。

屋部《やべ》村の一行は感動とともに、自分たちの住む村のよさをあらためて認識《にんしき》したようです。参宮《さんぐう》記念に屋部《やべ》村の全景を大絵馬にして奉納《ほうのう》することにしました。そこには普段《ふだん》の生活をありのまま描き入れることも忘れませんでした。

當村之圖《とうそんのず》（8）部分図。3頭の馬が馬鍬《まんが》を引いて代掻《しろか》きをする。この大絵馬で働いているのはほとんどが馬である。旧吉井町《きゅうよしい》は小作農の多い穀倉《こくそう》地帯だったが、牛が少ないわけはわからない。

當村之圖《とうそんのず》（8）部分図。この村の田は、耕地《こうち》整理をしたかのように整然としている。畳表《たたみおもて》の原料の藺草《いぐさ》も作っていたので、整地をしたのかもしれない。水を張《は》った左の松の上の4人は苗《なえ》取り、その右の田では2人が鍬《くわ》で畦塗《あぜぬ》りをしている。その上は田植えで、苗《なえ》運びの人も見える。

當村之圖《とうそんのず》（8）部分図。茅葺《かやぶき》屋根の並《なら》ぶ集落の広場で、千歯扱《せんばこき》での脱穀《だっこく》や摺臼《すりうす》での籾摺《もみす》りをしている。横長の屋根の向こうは庄屋《しょうや》の中庭で、米の収納《しゅうのう》が行なわれている。中庭の右の建物は庄屋《しょうや》の米蔵《こめぐら》である。

當村之圖《とうそんのず》（8）部分図。吉井《よしい》か久留米《くるめ》の町で、年貢《ねんぐ》の収納《しゅうのう》を描《えが》いたものらしい。剥落《はくらく》が多く、図の読取りは難《むずか》しい。帆船《はんせん》の帆《ほ》も半分ほどが剥落《はくらく》しているが、帆船《はんせん》は米を積んで筑後川《ちくごがわ》を下った。

當村之圖《とうそんのず》（8）部分図。打棚《うちだな》の上に上って箕《み》に入れた打穀（脱穀《だっこく》）した籾《もみ》を落とし、風で籾《もみ》と藁屑《わらくず》を分別する風選をする。

當村之圖《とうそんのず》（8）部分図。田植えを終えてホッと一息入れるサナブリとされる。それほど人はいないが、村のみんなが一堂に会して楽しく過《す》ごすのが本来である。サナブリの図は同じうきは市浮羽《うきは》町田籠《たごもり》の諏訪《すわ》神社にも見られる（50頁《ぺーじ》）。それ以外に、たとえば東北地方では現在《げんざい》もサナブリの行事は行なわれているが、サナブリの光景を描《えが》いた大絵馬は見あたらないようである。

當村之圖《とうそんのず》（8）部分図。恋人同士《こいびとどうし》か、それとも道ならぬ恋《こい》なのか。左の逢引《あいびき》の男女を、畦《あぜ》で憩《いこ》う二人の男の人が眺《なが》めている。大らかな光景である。

當村之圖《とうそんのず》（8）部分図。上は小僧《こぞう》を連れて畦道《あぜみち》を行く僧《そう》。右下の女の人は腰《こし》を曲げて立小便をしている。昭和20年代あたりまで、こうした姿勢《しせい》で立小便をする女の人を見るのは珍《めずら》しくなかった。

「當村之圖《とうそんのず》」のある老松神社には、やはり伊勢《いせ》参宮同行者が記念に奉納《ほうのう》した狛犬《こまいぬ》一対（左の写真はその阿《あ》の方）がある。その台座《だいざ》の刻銘《こくめい》である。この神社にはもうひとつ大正14年（1925）9月に、伊勢《いせ》参宮同行者15名が奉納《ほうのう》した鳥居《とりい》もある。福岡県《ふくおかけん》うきは市吉井町屋部《よしいやべ》。平成20年（2008）撮影

## 同行《どうこう》記念

九州の神社では、一緒《いっしょ》に伊勢《いせ》参宮をした同行者《どうこうしゃ》による奉納品《ほうのうひん》をよく目にします。平成の年号を記した大絵馬《おおえま》もあります。

奉納品《ほうのうひん》に記された名前を見て、その子孫が半ば自慢気《じまんげ》に祖先《そせん》を語るのは、大絵馬《おおえま》でも同じです。

歩いていてたまたま出合った神社の鳥居《とりい》。伊勢《いせ》参宮記念とあって、九州の人々の伊勢《いせ》参宮への思いをあらためて強く感じた。福岡県飯塚市《ふくおかけんいいづか》新立岩《しんたていわ》。平成20年（2008）撮影

# 第二章 苗を育て植える

四季農耕図《しきのうこうず》（9）部分図。上の親子のうしろの梅が咲《さ》くころ、青々とたたえた池の水に二人が種籾《たねもみ》を浸《ひた》している。その左は種蒔《たねま》き、下は三本鍬《くわ》での田起こし。三角形の田では畦塗《あぜぬ》りをする。下の左は田植え、金太郎《きんたろう》の腹巻《はらまき》の子が右手に持つのは昼飯用の茶だろうか。右の二人は昼飯をとっている。

## 稲苗《いねなえ》

毎年、三月になると気象庁《きしょうちょう》から桜《さくら》の開花予想が発表されます。そのときオヤッと思うのは、東京より暖《あたた》かいはずの伊豆諸島《いずしょとう》の開花が東京よりあとになっていたりすることです。それは開花に必要な寒さが、暖《あたた》かな伊豆諸島《いずしょとう》では十分ではないからとされます。

桜《さくら》とはかぎらず、草木の発芽にはある程度《ていど》の寒さがなければなりません。これを稲《いね》の種籾《たねもみ》に応用《おうよう》したのは、旧福岡藩士《きゅうふくおかはんし》の林遠里《はやしおんり》が生み出した「寒水浸《かんすいひた》し法」です。種籾《たねもみ》を冷水に浸《ひた》したあと、土中に埋《う》めて芽出しをさせる方法で、明治二〇年代にこの方法は広く各地で受け入れられました。ところがほぼ同じころ、福岡農学校《ふくおかのうがっこう》の横井時敬《よこいときよし》が完成させた「塩水選種法《えんすいせんしゅほう》」によって、この種籾《たねもみ》を冷水に浸《ひた》す方法は忘《わす》れ去《さ》られます。塩水選種法《えんすいせんしゅほう》は、塩水に種籾《たねもみ》を入れ、浮《う》いた種籾《たねもみ》は不良品として捨《す》て、沈《しず》んだ種籾《たねもみ》だけを苗代《なわしろ》に蒔《ま》くものです。稲《いね》の収量《しゅうりょう》を大きく伸《の》ばしたこの方法は、今も行なわれています。

「苗半作《なえはんさく》」というように、稲苗《いねなえ》作りは稲作《いなさく》のもっとも大事な作業です。農耕図《のうこうず》には種籾《たねもみ》を池や川に浸《ひた》す光景がよく描《えが》かれています。種籾《たねもみ》に水を吸収《きゅうしゅう》させて発芽をうながす、古くから受《う》け継《つ》がれてきた、江戸《えど》時代の農家の人々にとっても大事な作業でした。種籾《たねもみ》を浸《ひた》す池や川を「種井《たない》」とか「種池《たないけ》」とかいいますが、〈種池の底すみわたる寒みかな〉の俳句《はいく》にみるように、種籾浸《たねもみひた》しには冷水浸《ひた》しに似《に》た効果《こうか》もあったようです。

## 鳥追い

種籾浸《たねもみひた》し、種蒔《たねま》きにつづいて鳥追いが描《えが》かれている農耕図《のうこうず》があります。苗代《なわしろ》に蒔《ま》いた種籾《たねもみ》を鳥につついばまれたら、一粒《つぶ》の米も得られないことになりかねません。民俗芸能《みんぞくげいのう》の田遊《たあそ》びでも、種蒔《たねま》きあとの鳥追いは大事な一番になっています。

六八頁《ページ》下の鳥追いの図に見るように、苗代《なわしろ》の中央に一本の棒《ぼう》を立て、そこに鳴子《なるこ》をつけた縄《なわ》を結び、鳥がきたら綱《つな》を引いて鳴子《なるこ》を鳴らし、鳥を追《お》い払《はら》います。

民俗学《みんぞくがく》の祖《そ》とされる柳田國男《やなぎたくにお》の論考《ろんこう》に、「苗忌竹《なへみだけ》の話」というのがあります。苗代《なわしろ》の中央に立ててある一本の竹（棒《ぼう》）の話ですが、その竹（棒《ぼう》）がどういうものなのか、百姓《ひゃくしょう》に聞いてもわからないので柳田《やなぎた》自身も迷《まよ》い、「苗忌竹《なへみだけ》」としたようです。その竹はおそらく、先の図にある鳥追い用に苗代《なわしろ》の中央に立てた棒《ぼう》でしょう。柳田《やなぎた》の論考《ろんこう》の発表は昭和二二年（一九四七）ですから、そのころにはすでに種蒔《たねま》きあとの鳥追いはなくなっていたはずですし、明治八年（一八七五）生まれの柳田《やなぎた》が見ていないとすると、明治時代にはもうなかったのかもしれません。

田植えをする3人は腰《こし》に竹籠《たけかご》、ひとりはビニール製《せい》の袋《ふくろ》を着け、入れてある苗《なえ》を一握《ひとにぎ》りずつ取り出して植える。宮城県七ヶ宿《みやぎけんしちがしゅく》町湯原。昭和43年（1968）撮影

## 田植え

多くは苗代《なわしろ》で育てた稲苗《いねなえ》を本田に植えて稲《いね》を育てますが、直播法《じかまきほう》といって種籾《たねもみ》を本田に直《じか》に蒔《ま》く稲作《いなさく》もありました。関東地方では「摘田《つみた》」とか「蒔田《まきた》」とか呼《よ》び、昭和三〇年（一九五五）あたりまで行なっていたところもあります。この方法は農耕図《のうこうず》などには見られません。

田植えの技術《ぎじゅつ》や、田植えにまつわる習俗《しゅうぞく》の一部は農耕図《のうこうず》にも描《えが》かれています。大勢《おおぜい》の手による田植えは、にぎやかで楽しい面もありましたが、いじわるもなかったわけではありません。

横一列に並《なら》ぶ田植えの両方の畦寄《あぜよ》りに上手な人がつきます。その間に数人の早乙女《さおとめ》がはいりますが、まだ土地に不慣《ふな》れな嫁《よめ》や気の弱い人も一緒《いっしょ》です。上手な人はどんどん植え進みますが、不慣《ふな》れな人は遅《おく》れ、やがてまわりに苗《なえ》が植えられて、閉《と》じこめられたようになります。それをツボニハイルといい、一時の笑いになりましたが、嫌《いや》な人をわざとはめる、いじわるということもままあったようです。

上段《じょうだん》の田の作業は実際《じっさい》には数日の間をおいて行なわれたものだが、作業の一つ一つは、昭和30年代あたりまでは全国のどこでも見られた。人のにぎわいはあっても、忙《いそが》しさは感じられない。でも稲刈《いねか》りにつづく秋の日はあわただしい。日が短いうえに雪が近い東北地方では、収穫《しゅうかく》作業は急がなければならなかった。下段《げだん》の図にはそんな様子もうかがえる。昭和61年（1986）撮影

## 四季農耕図《しきのうこうず》（9）

岩手県奥州市前沢区白山《おうしゅうしまえさわくしらやま》
白山《はくさん》神社　一八五八年
八八×一一二

奉獻　御寶前
安政五年戊午載
南呂朔日　當村施主　菅原萬右衛門

南呂朔日《なんろさくじつ》とは旧暦《きゅうれき》八月一日のことです。

### 子どもたち

この四季農耕図《しきのうこうず》は、古く旧前沢町白山《きゅうまえさわしらやま》の宝膳坊《ほうぜんぼう》に掲《かか》げてありましたが、廃寺《はいじ》になって白山《はくさん》神社に移《うつ》されたようです。和紙に描《えが》いてあるので、板に描《えが》いたものより剥落《はくらく》も退色《たいしょく》も少なく、よい状態《じょうたい》が保《たも》たれています。絵は上下に二分され、上段《じょうだん》には、種籾浸《たねもみひた》し・種蒔《たねま》き・鳥追い・田打ち・畦塗《あぜぬ》り・代掻《しろか》き・苗《なえ》取り・田植え・草取り・稲刈《いねか》り、下段《げだん》には、俵詰《たわらづ》め・千歯扱《せんばこき》・唐箕選《とうみせん》・脱穀《だっこく》・風選《ふうせん》・籾摺《もみす》り・縄掛《なわか》け・俵《たわら》運びなどが描《えが》かれています。

こうした農作業の間に、手伝いをする子や遊ぶ子、母親や祖母《そぼ》と一緒《いっしょ》の子どもたちの姿《すがた》が生き生きと描《えが》きこまれています。そんな子どもたち一人ひとりの姿《すがた》がこの大絵馬《おおえま》を楽しくしています。

昭和の時代もこうだった、子どもたちはいつも農作業をするそばにいたよ、と若《わか》いときから稲作《いなさく》をつづけてきた老農《ろうのう》ならきっとというでしょう。

四季農耕図《しきのうこうず》（9）部分。種籾浸《たねもみひた》し、種蒔《たねま》き、鳥追い、田打ち、畦塗《あぜぬり》、代掻《しろか》き、田植えを色分けして描《えが》いている。右上の青色の池には二人が俵《たわら》に入れた種籾《たねもみ》を浸《ひた》している。その左隣《ひだりどなり》は種蒔《たねま》きで、白色に感じられるのは水面が澄《す》んでいるということだろう。その斜《なな》め右下の田打ち、その下の畦塗《あぜぬり》、馬に馬鍬《まんが》を引かせての代掻《しろか》きは土色で、田がドロドロの状態《じょうたい》であることを示《しめ》している。

きちっと区画された田もないわけではありませんが（五五頁《ページ》）、大絵馬《おおえま》に見る田のほとんどは、くねくねと曲がった畦《あぜ》に囲まれた三角形や円形、あるいは小さな長方形だったりします。

## 不定形の田

これには大絵馬《おおえま》での作業を描《えが》き分けるために、絵の上に作った畦《あぜ》もありますが、実際《じっさい》にもこうした田が多かったのは確《たし》かです。今でも各地の棚田《たなだ》に残っています。

稲作《いなさく》にとって水は命です。そのため稲作《いなさく》の初めに利用されたのは、いつも水のある自然の湿地《しっち》でした。湿地《しっち》は曲がりくねった堤《つつみ》に囲まれていますが、遠くから水を引き入れなくても、すぐにでも田植えができました。

いつも水のある田を湿田《しつでん》といい、新しく開発された田でも、初めはやはり湿田《しつでん》でした。その湿田《しつでん》の水を保持《ほじ》するために、たとえ曲がりくねっていても、地形に逆《さか》らうことなく堤《つつみ》の役をする畦《あぜ》を設《もう》けました。のちに稲刈《いねか》りのあとに水を落とす乾田《かんでん》になっても、湿田《しつでん》のときの田の形は変わりません。

大絵馬《おおえま》に描《えが》かれた田が湿田《しつでん》か乾田《かんでん》かはわかりませんが、たとえ乾田《かんでん》だったとしても、地形に沿《そ》って畦《あぜ》を設《もう》けた、初めの田の形が描《えが》かれているので、不定形や小さな田になっているのです。

現在《げんざい》、平地の田のほとんどは、耕地《こうち》整理《せいり》できちっと区画されています。

四季農耕図《しきのうこうず》（9）部分。赤色の着物や腹巻《はらまき》をするのは子どもである。遊んでいる子もいるが、手伝いをしている子も多い。上の苗《なえ》取りでは、子どもが苗《なえ》を両手に持って運んでいる。その下は田の草取り。男の人が着物の前を広げて団扇《うちわ》であおいでいる。夏の盛《さか》りの草取りは、こうでもしないと体がもたなかったことを強調しているようだ。

四季農耕図《しきのうこうず》（9）部分。腰《こし》を曲げて田植えをする左の女三人は、菅笠《すげがさ》を被《かぶ》り赤い腰巻《こしまき》をする。右の男二人は尻《しり》っ端《ぱしょ》折り、この男の稲《いね》苗《なえ》は女の稲苗《いねなえ》にくらべて伸《の》びている。稲苗《いねなえ》を天秤棒《てんびんぼう》で運ぶ姿《すがた》もある。左上の鍬《くわ》を肩《かた》においた男の人は、女三人の田植えの様子を見ているようだ。この地域《ちいき》では田植えの仕事振《ぶ》りで嫁《よめ》にきて欲《ほ》しいという話が出たり、逆《ぎゃく》に嫁《よめ》が実家にもどされることもあったという。

四季農耕図《しきのうこうず》（9）部分。二分された下段《げだん》で稲刈《いねか》り後の作業が描《えが》かれている。作業は右から左への流れになっているが、上段《じょうだん》と同じように作業順に描《えが》かれているわけではない。作業の流れからすると後段《こうだん》になる俵詰《たわらづ》めが上の右端《みぎはし》にある。その左が作業の初めの稲《いね》から穂《ほ》を落とす脱穀《だっこく》で、手前の女の人は千歯扱《せんばこき》で稲穂《いなほ》を扱《こ》いでいる。おや、と思うのは、女の乳房《ちぶさ》に手を伸《の》ばす幼《おさ》な子《ご》は、どこに座《すわ》っているのか、ということだろう。そのうしろの女の人は千歯扱《せんばこき》ではなく、横木に稲《いね》を打ちつけて脱穀《だっこく》をしているようにも見えるが、やはり千歯扱《せんばこき》だろう。
つぎの左では、男一人、女二人の三人が籾《もみ》打ちをしている。脱穀《だっこく》した稲《いね》についている針状《はりじょう》の芒《のぎ》を落とし取るもので、使っているのは柄《え》の長い横槌《よこづち》、他の農耕図《のうこうず》によく見る唐竿《からさお》ではない。この地域《ちいき》で使われてきたアオヅチと呼《よ》ばれた籾《もみ》打ちの農具のようである。
その左の木摺臼《きすりうす》をひとりでまわす女は、赤い腰巻《こしまき》ひとつの胸《むね》に鼻先の黒い小犬を抱《だ》いている。籾殻《もみがら》を取って米にする、このひとりでまわす木摺臼《きすりうす》は力のいる重労働だが、小犬はどんな助けになるのだろうか。むしろその向こうで、板製《いたせい》の箕《み》で米を集めているらしい子どもの方が、大きな手助けになっているはずである。この木摺臼《きすりうす》の作業は俵詰《たわらづ》め直前の作業になる。

下の右端《みぎはし》では唐箕選《とうみせん》を行なっている。脱穀《だっこく》し、芒《のぎ》を取った籾《もみ》に混《まじ》っている藁屑《わらくず》などのごみを除《のぞ》くもので、唐箕《とうみ》の向こう側の男の人が漏斗口《じょうごぐち》に籾《もみ》を注ぎ、手前の男の人が唐箕《とうみ》を動かしている。ごみの除《のぞか》れた籾《もみ》は唐箕《とうみ》の真下に落ちる。それを女の人が板製《いたせい》の箕《み》に受けている。かたわらの紅葉《もみじ》らしい木の上部だけ赤くなっているのは、秋もまだ半ばということだろうか。
唐箕《とうみ》の左は風選《ふうせん》である。竹製《たけせい》の箕《み》に入れた籾《もみ》を上から落とし、混《ま》じっている藁屑《わらくず》などを風で飛ばす作業。しゃがんだ赤い着物の子どもは、両手で持った箕《み》を上下に扇《あお》いで風を送っている。この風選《ふうせん》と唐箕選《とうみせん》のどちらが先か。大きな藁屑《わらくず》などを風で飛ばしてから、さらに唐箕《とうみ》で細かな藁屑《わらくず》を除《のぞ》く、逆《ぎゃく》に唐箕《とうみ》を先に風選《ふうせん》で念を入れるということもある。
木摺臼《きすりうす》の左と下では、男たちが米を入れた俵《たわら》に縄掛《なわが》けをする。刈入《かりい》れ後の最後の作業で、縄掛《なわが》けした俵《たわら》は蔵《くら》に運ばれる。左方に立つ、野良着ではない着物姿《きものすがた》の男は庄屋《しょうや》、あるいは蔵《くら》役人だろうか。ただし、見ているのは糸で吊《つ》った亀《かめ》で遊ぶ子どもたちの方である。

籾俵《もみだわら》や藁苞《わらづと》に入れた種籾《たねもみ》を節分より20日目に、池や小川に浸《ひた》す。古くは池を「種井《たない》」、種籾浸《たねもみひた》しを「種かし」といった。『畫本通寳志《えほんつうほうし》』挿図

20日間ほど水に浸《ひた》してあげると、俵《たわら》から種籾《たねもみ》を出して莚《むしろ》にひろげて10日間ほど天日で干《ほ》し、それに湯をかけて莚《むしろ》に包んだり、ぬるま湯に入れたりして発芽させて苗代《なわしろ》に蒔《ま》く。図左の二人は竹籠《たけかご》に入れた早稲《わせ》の種を蒔《ま》いている。左下の中の字は串《くし》にはさんだ牛頭宝印《ごずほういん》。正月に寺院でもらう虫除《むしよ》けのお札《ふだ》である。『畫本通寳志《えほんつうほうし》』挿図

## 種籾浸《たねもみひた》し

江戸《えど》時代の記録に、種籾《たねもみ》に水を吸収《きゅうしゅう》させる種籾浸《たねもみひた》しは二月に行なうとあります。旧暦《きゅうれき》なので今の暦《こよみ》の三月、地域《ちいき》による寒暖《かんだん》に差がありますが、機械化前の稲作《いなさく》は寒い時期から始まりました。

四季農耕図《しきのうこうず》（9）部分図。右の青々とした池に種籾《たねもみ》を浸《ひた》す二人は尻《しり》っ端折《ばしょ》り、そのうえ左の男の人は上半身も脱《ぬ》いでいる。種籾浸《たねもみひた》しの時期からするとまだ寒気が漂《ただよ》い、池の水もかなり冷たいはずである。昔の人は強かったのか、それとも単に着物が濡《ぬ》れないように脱《ぬ》いだのだろうか。

## 種蒔《たねま》き

〈種まきや一つかみづゝ雨の音〉、この俳句《はいく》は、風のない朝の種蒔《たねま》きの情景《じょうけい》をよく表しています。ひと握《にぎ》りの種籾《たねもみ》を散らすように苗代《なわしろ》に蒔《ま》くと、水面に落ちた種籾《たねもみ》は、雨の音に似《に》た「サー」というかすかな音を立てて沈《しず》みます。

風のない朝の種蒔《たねま》き。苗代《なわしろ》田に均一《きんいつ》に蒔《ま》かないと苗《なえ》が不揃《ふぞろ》いになる。少しでも風があると、軽い籾《もみ》は風下に寄《よ》ってしまう。こうした種蒔《たねま》き風景もこの年代までで、保温折衷苗代《ほおんせっちゅうなわしろ》と呼《よ》ばれる苗代《なわしろ》の普及《ふきゅう》とともに、雪が残るころから苗代《なわしろ》に種蒔《たねま》きができるようになった。秋田県湯沢市三関《みつせき》。昭和36年（1961）　撮影・佐藤久太郎

四季農耕図《しきのうこうず》（9）部分図。鳥追いの四方に伸《の》びた綱《つな》は描《えが》かれているのだが、その綱《つな》をまとめ結ぶ、下の図に見る田の中央に立てる棒《ぼう》がない。おそらく描《えが》き忘《わす》れたのだろう。畦《あぜ》に座《すわ》って鳥追いをする男の人のそばに、根付《ねづけ》のついた煙草入《たばこい》れは描《えが》き忘《わす》れていないのだが。この煙草入《たばこい》れは男たちの腰《こし》にもよく描《えが》かれている。

蒔《ま》いた種籾《たねもみ》の芽が伸《の》びて、苗代《なわしろ》田が緑になるまで鳥追いはつづけなければならなかった。苗代《なわしろ》の中央に棒《ぼう》を立て、その上部に結んで四方に渡《わた》した綱《つな》には鳴子《なるこ》がつけてある。雀《すずめ》がきて追いはらうときは、一本の綱《つな》を引くと鳴子《なるこ》がいっせいに鳴る。雀《すずめ》はその音に驚《おどろ》いて飛び去る。図の左、畦《あぜ》に座《すわ》って綱《つな》を引く雀《すずめ》番の男の人は、足指で藁草履《わらぞうり》を編《あ》みながら番をしている。『畫本通寶志《えほんつうほうし》』挿図

実った稲穂《いなほ》が頭をたれるころ、田に鳥追小屋を建て、学校から帰った子どもたちが日暮《ひぐ》れまで鳥追いをした。雀《すずめ》の大群《たいぐん》がくると、石油缶《せきゆかん》を叩《たた》き、手を打ち鳴らし、さらに大声で「ホーイ、ホーイ」と叫《さけ》んで雀《すずめ》を追った。朝から子どもたちが学校から帰るまでは、祖母《そぼ》ら年寄《としよ》りたちの仕事になっていた。秋田県横手市醍醐《だいご》。昭和10年代　撮影・千葉貞介

## 鳥追い

稲作《いなさく》にとって雀《すずめ》は害鳥でした。そのため二度、鳥追いをしました。一度は種蒔《たねま》きのあと、もう一度は稲穂《いなほ》が実って稲刈《いねか》りも間近なころです。ところが稲刈《いねか》りのころの鳥追いは、大絵馬《おおえま》には見あたらないようです。これは田遊《たあそ》びでも同じです。

苗代《なわしろ》に蒔《ま》いた種籾《たねもみ》を雀《すずめ》についばまれてしまったら、それこそ元も子もなくなってしまいます。それだけに種蒔《たねま》きあとの鳥追いは真剣《しんけん》だったのです。

ところがいつのころからか、鳥追いというと秋の光景になりました。実った稲穂《いなほ》をたとえ一粒《つぶ》でも食わせまいと、田に鳥追小屋を建て、交代で鳴子《なるこ》を引き鳴らしたり、大きな声をあげて、群《む》れてやってくる雀《すずめ》を必死に追いはらいました。

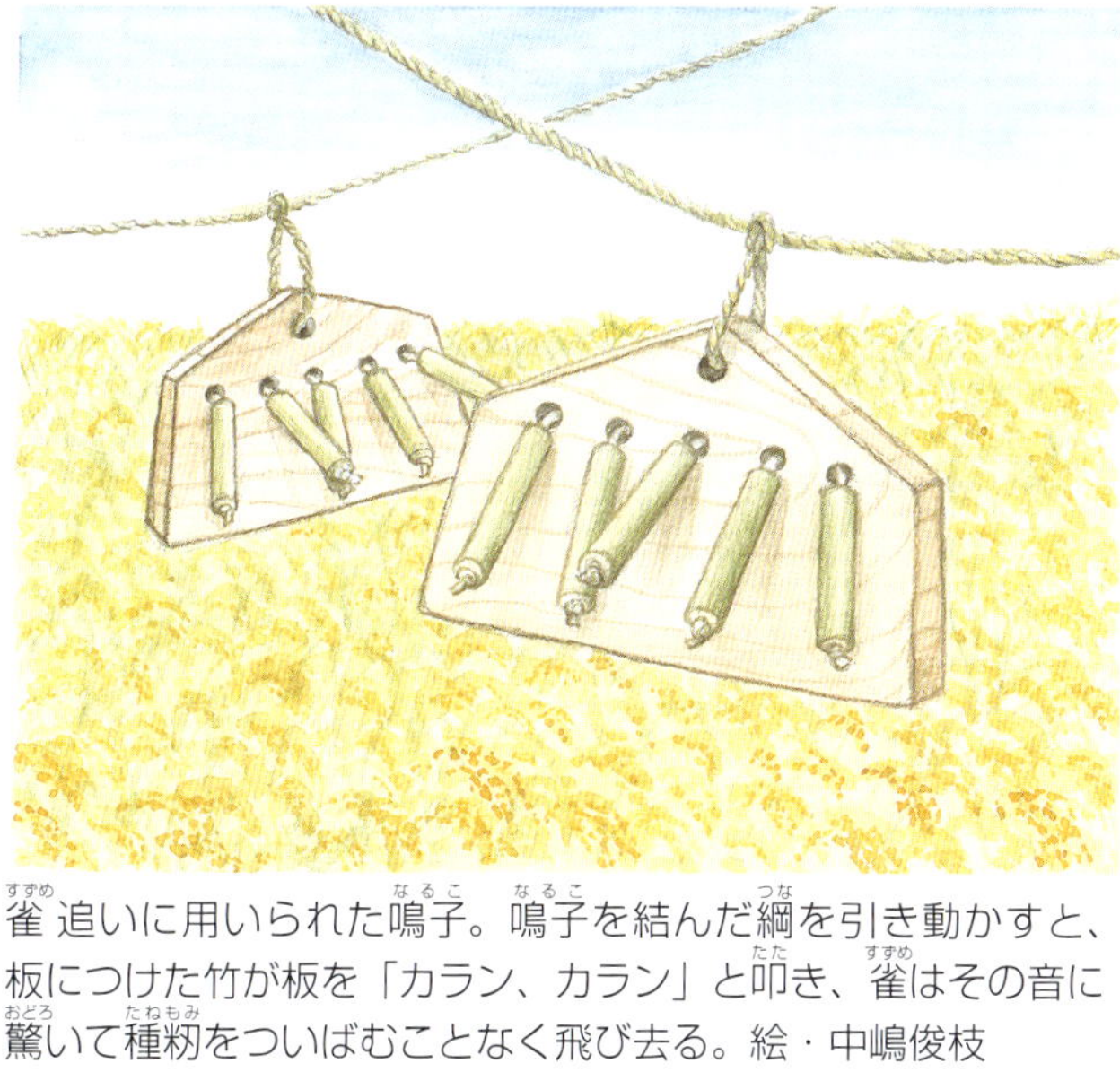

雀《すずめ》追いに用いられた鳴子《なるこ》。鳴子《なるこ》を結んだ綱《つな》を引き動かすと、板につけた竹が板を「カラン、カラン」と叩《たた》き、雀《すずめ》はその音に驚《おどろ》いて種籾《たねもみ》をついばむことなく飛び去る。絵・中嶋俊枝

**群雀《むらすずめ》**

　同じつづりを「むれすずめ」と読むと花の名になります。「むらすずめ」は、たくさんの雀《すずめ》が群《む》れでやってくることで、その光景は今でも見ることができます。数が多いだけに、種蒔《たねま》きを終えた田の種籾《たねもみ》や、実った稲穂《いなほ》を一斉《いっせい》についばまれると、稲作《いなさく》は悲惨《ひさん》なものになりかねません。

　そのために必死で鳥追いをするとともに、実りのころには案山子《かかし》を立て、あたかも人が田にいるかのようにして、群雀《むらすずめ》を近づかせないようにしました。群雀《むらすずめ》の来襲《らいしゅう》は今もあって、それに対応《たいおう》する工夫された雀威《すずめおど》しがいくつかあります。

福岡県福津市在自《ふくおかけんふくつしあらじ》の金刀比羅《ことひら》神社に奉納《ほうのう》された『農耕図《のうこうず》』の部分図（全体図未掲載《みけいさい》）。種を蒔《ま》いているときすでに鳥がきている。それも雀《すずめ》ではなく烏《からす》のようである。これでは鳥追いに必死にならざるを得ない。

稲作《いなさく》にまだ農薬が使われていなかったころ、稲穂《いなほ》の実った畦《あぜ》を行くと、蝗《いなご》がさながら噴水《ふんすい》のように左右に跳《と》びはねた。この蝗《いなご》も群《む》れて稲《いね》を食《く》い荒《あ》らす害虫だった。雀《すずめ》も大群《たいぐん》で稲穂《いなほ》を襲《おそ》った。雀《すずめ》の大群《たいぐん》の光景は今でも刈入《かりい》れあとの田で見ることがある。落穂《おちぼ》や虫を探《さが》してついばみ、ときおりいっせいに飛び立って近くの電線に止まったりする。福岡県水巻町《ふくおかけんみずまき》。平成20年（2008）撮影

68頁《ぺーじ》下の図の右に描《えが》かれた「鳥おどし」。蓑笠《みのかさ》をつけた案山子《かかし》である。

## 案山子《かかし》あげ

案山子《かかし》は「嗅《か》がし」が語源《ごげん》とされます。山の田畑ではよく猪《いのしし》や鹿《しか》に食《く》い荒《あ》らされました。そこで猪《いのしし》や鹿《しか》の腐《くさ》らせた内臓《ないぞう》を田畑におき、その強烈《きょうれつ》な臭《にお》いを嗅《か》がせて、田畑に近づかせないようにしたのです。それをあたかも人が立っているかのようにしたのが案山子《かかし》です。群馬県《ぐんまけん》や長野県では「案山子《かかし》あげ」といって、そんな案山子《かかし》に感謝《かんしゃ》し、刈入《かりい》れがすむと丁重に迎《むか》えて労をねぎらいました。

案山子《かかし》は田に立って、やってくる害鳥をひたすら追いつづける。写真の「案山子《かかし》あげ」はそうした案山子《かかし》に感謝《かんしゃ》を表すものだが、群馬県《ぐんまけん》では、小正月に家の守り神として「案山子《かかし》さま」を迎《むか》えたり、「かかし神」と呼《よ》ぶ木像《もくぞう》を神棚《かみだな》に供《そな》えたりするところもある。群馬県《ぐんまけん》六合《くに》村太子《おおし》。昭和42年（1967）撮影

右上には稲《いね》刈《か》りと、刈《か》って束《たば》ねた稲《いね》を馬の背《せ》に乗せる光景が描《えが》かれている。右下には、苗《なえ》取り、苗《なえ》運び、茶を運ぶ子ども、一服する二人がいる。馬の前にいるひとりは、代掻《しろか》きで倒《たお》れた田の草を取除《とりのぞ》いているのだろうか。その上では、菅笠《すげがさ》の八人が腰《こし》を曲げて田植えをしている。平成20年（2008）撮影

## 農耕図《のうこうず》（10）

福岡県《ふくおかけん》朝倉市入地《いりじ》
福成《ふくなり》神社　一八四五年
　七五×一〇〇

奉寄進
弘化二乙巳年五月二十三日
避疫御願成就長寿千□萬□

四季耕作図《しきこうさくず》（11）　七三頁《ページ》上

愛媛県松前町徳丸《とくまる》
高忍日賣神社《たかおしひめじんじゃ》　一八五八年

奉獻
安政五戊午歳　中川原村
世話人（四名連記）　大工嘉蔵

### 田を囃《はや》す

上の農耕図《のうこうず》（10）は、悪疫《あくえき》退散《たいさん》の祈願成就《きがんじょうじゅ》を感謝《かんしゃ》して奉納《ほうのう》した大絵馬《おおえま》です。左上に小さく描《えが》かれた、遠ざかる騎乗《きじょう》の二人がその悪疫《あくえき》を表しているのかもしれません。

左下の、馬鍬《まんが》を馬と牛に引かせて代掻《しろか》きをする二人は、腰蓑《こしみの》をしています。泥《どろ》が野良着《のらぎ》につかないようにする泥除《どろよ》けで、右下の苗《なえ》運びの二人も着けています。

代掻《しろか》きの上に並《なら》んだ一一人、子を背負《せお》った母親も、僧《そう》らしい人もいます。法華宗《ほっけしゅう》の太鼓《たいこ》や小太鼓《こだいこ》などを打っているので、よい稲《いね》が育つように田を囃《はや》しているのでしょう。

剥落《はくらく》で不鮮明《ふせんめい》な部分が多いが、作業内容《さぎょうないよう》から大きく右、中、左に三分されている。右下から上に、種蒔《たねま》き、牛耕《ぎゅうこう》、苗《なえ》取り、中の上から下へ、草取り、送水、稲《いね》刈り、左下から上へ、千歯扱《せんばこき》、唐臼《からうす》、唐箕《とうみ》、蔵入《くらい》れが描《えが》かれている。なお高忍日賣《たかおしひめ》神社の祭神の高忍日賣《たかおしひめ》大神は、全国で唯一《ゆいいつ》の産婆《さんば》・乳母《うば》の祖神《そしん》で箒神《ほうきがみ》だという。平成21年（2009）撮影

四季耕作図《しきこうさくず》（11）部分。上の全体図の隣接《りんせつ》する絵馬で隠《かく》れた部分である。右下は四人でまわす土摺臼《どするす》による籾《もみ》摺《す》り。左は唐箕《とうみ》による藁屑《わらくず》と籾《もみ》の選別。上は蔵入《くらい》れの光景である。剥落《はくらく》で不鮮明《ふせんめい》だが、蔵入《くらい》れの俵《たわら》を運んできたのは牛のようである。なお唐箕《とうみ》や土摺臼《どするす》の下には千歯扱《せんばこき》による脱穀《だっこく》が描《えが》かれている（上図参照）。

農耕図《のうこうず》（10）部分図。馬と牛に馬鍬《まんが》を引かせて代掻《しろか》きをする。代掻《しろか》きは、犂《すき》などで起こした塊《かたまり》になっている土を砕《くだ》いて田をならす作業で、それに使う鉄刃《てっぱ》のついた農具の馬鍬《まんが》は牛に引かせても馬鍬《まんが》という。普通《ふつう》は牛馬の口取りと馬鍬《まんが》を操《あやつ》る尻取《しりと》りの二人の作業だが、図は尻取《しりと》りひとりで行なっている。

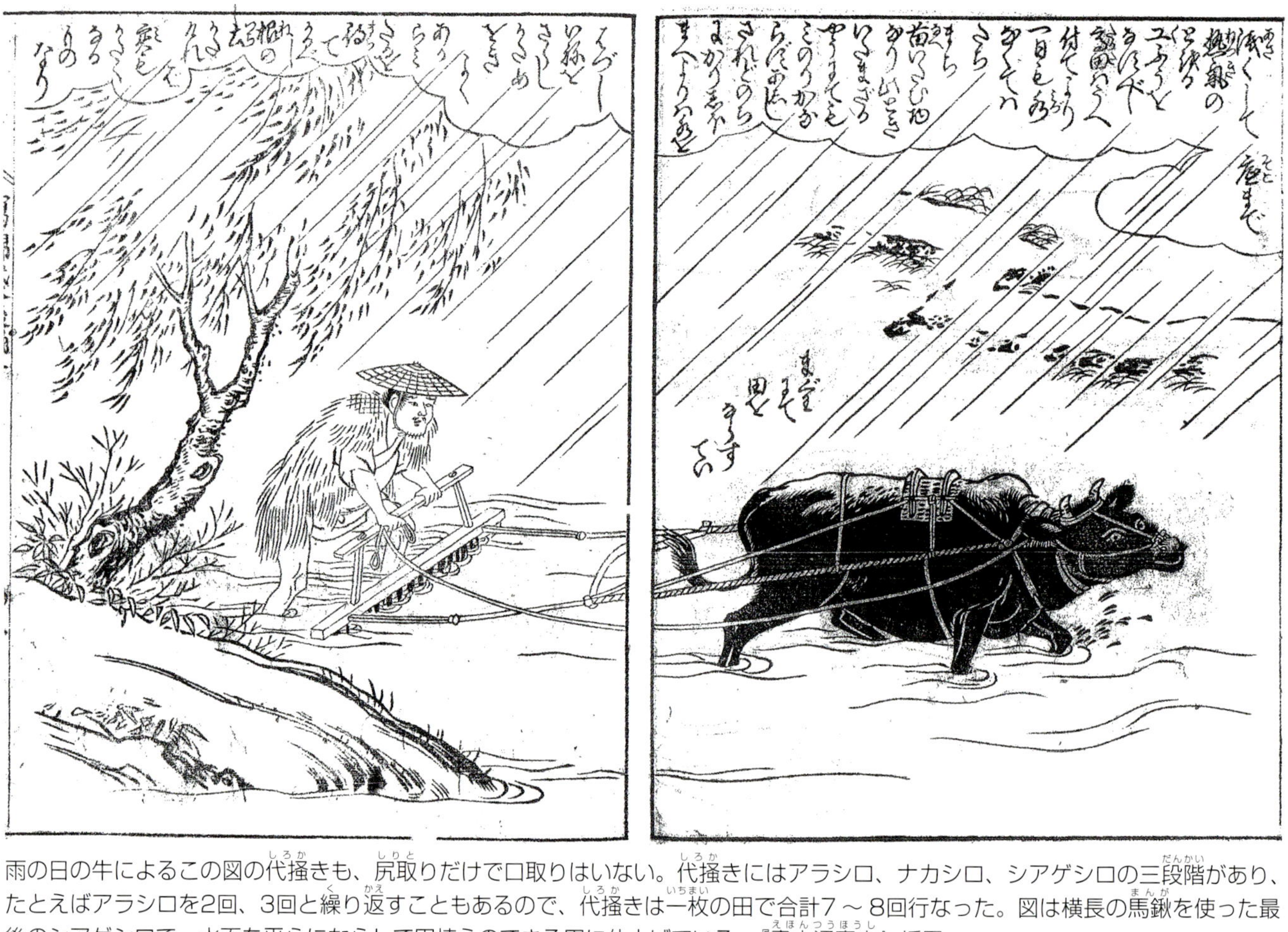

雨の日の牛によるこの図の代掻《しろか》きも、尻取《しりと》りだけで口取りはいない。代掻《しろか》きにはアラシロ、ナカシロ、シアゲシロの三段階《だんかい》があり、たとえばアラシロを2回、3回と繰《く》り返《かえ》すこともあるので、代掻《しろか》きは一枚《いちまい》の田で合計7～8回行なった。図は横長の馬鍬《まんが》を使った最後のシアゲシロで、水面を平らにならして田植えのできる田に仕上げている。『畫本通寶志《えほんつうほうし》』挿図

田植えを終えた祝いのマンガライ。マンガは馬鍬《まんが》、ライは洗《あら》うの意味。玄関脇《げんかんわき》の台上に、馬鍬《まんが》の鉄刃《てっぱ》の先を上にしておき、その前に稲苗《いねなえ》、神酒《しんしゅ》、赤飯《せきはん》を箕《み》に並《なら》べて供《そな》える。家のなかでは田植えをした一同が会し、無事に田植えを終えた祝いの膳《ぜん》を囲んでいる。昭和30年後半あたりから普及《ふきゅう》した耕運機《こううんき》によって牛馬は少なくなり、この家でも代掻《しろか》きは耕運機《こううんき》にこの馬鍬《まんが》をつけて行なった。群馬県渋川市《ぐんまけんしぶかわし》北橘《きたたちばな》町。昭和43年（1968）撮影

『浮羽《うきは》町史』（浮羽町は現うきは市）に、〈農耕図《のうこうず》は貢租《こうそ》作業を中心に農村生活を表現《ひょうげん》した絵馬〉と記している。貢租《こうそ》は田地に課せられる租税《そぜい》である。農民の主な貢租《こうそ》は年貢米《ねんぐまい》で、江戸《えど》時代の農民の生活は、藩《はん》へ年貢米《ねんぐまい》を納入《のうにゅう》するための一年といってもよかった。藩《はん》は村に納入数《のうにゅうすう》を伝えるとき、定められた日までにかならず納入《のうにゅう》するように厳命《げんめい》した。納入《のうにゅう》する米は作った農民が自ら精選《せいせん》したもっともよい米で、小作米《こさくまい》や給米《きゅうまい》などを年貢米《ねんぐまい》とすることは禁《きん》じられていた。ほかにもまだいろいろな農民に対する制約《せいやく》があるが、農耕図《のうこうず》にそれを強調した描写《びょうしゃ》は見あたらない。厳《きび》しい労働の影《かげ》もなく、いずれの農耕図《のうこうず》もむしろ明るく描《えが》かれている。それは神仏《しんぶつ》にこうありたいという願いを伝えるためでもあったのだろう。平成20年（2008）撮影

農耕図《のうこうず》（12）部分図。手前の白馬《しろうま》は馬鍬《まんが》で代掻《しろか》き、黒牛は犂《すき》を引いて田起こしをする。犂《すき》の刃先《はさき》は見えないが、この地域《ちいき》に多かった抱持立犂《かかえもったてすき》のようである。牛の上の農夫は苗代《なわしろ》に種蒔《たねま》きをしている。その左の赤い着物の人は昼飯持《ひるめしも》ちのようである。

## 農耕図《のうこうず》（12）　七六頁《ページ》

福岡県《ふくおかけん》うきは市浮羽《うきは》町小塩《こじお》
小椎尾《こじお》神社
一七六×一九六
多田常圃　方印

### 蓑笠《みのかさ》で田植え

左中央、田植えの四人は蓑笠《みのかさ》を着けています。畦《あぜ》で苗《なえ》を放り投げる農夫も着けています。でも苗《なえ》を受取る左端《ひだりはし》の女の人は着けていません。どうしてでしょう。

牛で田起し、馬で代掻《しろか》きをする二人は腰蓑《こしみの》を着けています。この腰蓑《こしみの》は別の大絵馬《おおえま》にもありました（七二頁《ページ》）。

農耕図《のうこうず》（12）部分図。田植えの合間に赤子に乳《ちち》を飲ませる。以前はよく見た光景である。その左の赤褌《あかふんどし》の農夫は、踏鋤《ふみすき》に左足をおいている。その前の農夫は、木製《もくせい》の刃床部《はとこぶ》に鉄製《てつせい》の鍬先《くわさき》をつけた風呂鍬《ふろぐわ》を使っている。

## 田下駄《たげた》

湿田《しつでん》や、新しく拓《ひら》いた田でも泥《どろ》のような田では、足を入れると深くもぐってしまいます。一歩ごとに土から足を抜《ぬ》かなければならないので、作業に手間取ります。そのもぐるのを押《お》さえ、むだな労力をなくすために足に着けたのが田下駄《たげた》です。

田下駄《たげた》は各地に見られました。名称《めいしょう》も作りもそれぞれでしたが、左図の福岡県《ふくおかけん》と下図の埼玉県の田下駄《たげた》は、細竹を曲げて作る輪樏《わかんじき》型（樏《かんじき》は雪の上を歩くときに使う）ということではよく似《に》ています。大きく違《ちが》うのは足を着ける部分です。

山形県南陽市赤湯の白竜湖《はくりゅうこ》周辺の湿田《しつでん》や、富山県上市《とやまけんかみいち》町の標高三〇〇メートルの山間にあった、湶田《いずみだ》と呼《よ》ぶ泥田《どろた》などでは田下駄《たげた》を使わずに、体を胸《むね》あたりまで田に埋《うず》めて田植えや草取りをしました。

農耕図《のうこうず》（12）部分図。二人の足元にある田下駄《たげた》をどこで使ったのか。全体図に見る田は、いずれも足首の少し上までの深さで必要なさそうである。代掻《しろか》きをする田の、稲《いね》の切株《きりかぶ》を沈《しず》めるのに使ったのだろうか。

埼玉県志木市の柳瀬川《やなせがわ》沿いには湿田《しつでん》が広がり、稲作《いなさく》には田下駄《たげた》が必要だった。昭和33年（1958）に行なった土地改良によって田下駄《たげた》は必要なくなり、志木市柏町にある館氷川《たてのひかわ》神社に奉納《ほうのう》した。神社では昭和53年（1978）に新築《しんちく》した絵馬堂に他の絵馬とともに掲《かか》げていたが、火災《かさい》で絵馬堂もこの田下駄《たげた》も焼失した。志木市教育委員会編『志木市の絵馬』より複写《ふくしゃ》。

山間の棚田《たなだ》に入れた緑肥《りょくひ》。肥料《ひりょう》としてどのくらいの効果《こうか》があったのだろう。畦《あぜ》はコンクリートにしてある。田下駄《たげた》は見られなかったが、この畦《あぜ》と昔からの緑肥《りょくひ》に、山間の棚田《たなだ》の稲作《いなさく》の苦労を見る思いがした。静岡県浜松市天龍区水窪《みさくぼ》町。昭和44年（1969）撮影

## 緑肥《りょくひ》と大足《おおあし》

田下駄《たげた》の一種に「大足《おおあし》」というのがあります。木枠《きわく》の頑丈《がんじょう》な作りで、稲刈《いねか》りあとの切株《きりかぶ》を踏《ふ》んだり、田の土を砕《くだ》いたり、緑肥《りょくひ》の踏《ふ》みこみなどに使われました。

緑肥《りょくひ》は肥料《ひりょう》として田に入れる春の若芽《わかめ》や若葉《わかば》をいいます。

化学肥料《ひりょう》などなかったころの主な肥料《ひりょう》は屎尿《しにょう》、私《わたし》たちの大便と小便でした。牛や馬を飼《か》っている農家ではその排泄物《はいせつぶつ》で堆肥《たいひ》を作りましたが、そこにも屎尿《しにょう》を加えました。

便所の汲取料《くみとりりょう》は、今は汲取《くみと》ってもらった家が払《はら》いますが、屎尿《しにょう》が大事な肥料《ひりょう》だったころには、汲取《くみと》らせてもらったお礼に、農家が米や野菜をおいていきました。

今は伐《き》られて少なくなりましたが、越後《えちご》（新潟県《にいがたけん》）の田の畦《あぜ》には榛《はん》の木が植えられていました。秋になると木と木の間に横木を渡《わた》して稲架《はざ》を作り、刈《か》った稲《いね》を掛《か》け干《ほ》しました。越後《えちご》の秋の風物詩になっていて、榛《はん》の木は藩《はん》の木だ、という人もいました。

この榛《はん》の木の若葉《わかば》は緑肥《りょくひ》としても有効《ゆうこう》で、古くはかなり田に入れられていたようです。入れた緑肥《りょくひ》を田になじませる踏《ふ》みこみに大足《おおあし》は活躍《かつやく》しました。

大足《おおあし》で田を平らに踏みならしている。田植え前の代掻《しろか》きにつづく作業で、「大足《おおあし》を踏む」などといった。新潟県佐渡市・国仲平野《くになかへいや》。昭和32年（1957） 撮影・中俣正義

赤鳥居《あかとりい》の大日堂を中央より少し左に寄《よ》せ、その前面の田とその田で働く人の姿《すがた》を鳥瞰図《ちょうかんず》の形で描《えが》いている。手前の川は最上川支流の朝日川で、この川沿《かわぞ》いに苗代《なわしろ》がある。赤鳥居《あかとりい》の前の田起こしと馬による代掻《しろか》き、左方での田植え、松の木の下でのサナブリの光景も描《えが》いている。田の草取りは右の石鳥居《いしとりい》の左、描《えが》かれているのはこの草取りまでで、秋の収穫《しゅうかく》の様子は描《えが》かれていない。

## 農耕図《のうこうず》（13）

山形県朝日町太郎《たろう》
大日堂　一八五六年
一〇三×一九五

奉納
東宮斎龍峰筆　方印
安政三丙辰歳　三月廿八日
當所　願主（二三名連記）
世話人　阿部彌市　長岡忠兵衛

### 老松《おいまつ》のある田

左と右に描《えが》かれた二本の老松《おいまつ》が、この農耕図《のうこうず》を風格《ふうかく》ある一枚《いちまい》にしています。夏の草取りのときなど、その日陰《ひかげ》で一服できそうですが、稲《いね》の成長に日陰《ひかげ》が影響《えいきょう》しないだろうかと心配になります。

農耕図《のうこうず》（13）部分図。背《せ》に俵《たわら》をつけた馬が、馬子《まこ》に引かれて太鼓橋《たいこばし》を渡《わた》る。全体に描《えが》かれているのは田起こしから草取りまでなので、秋の豊作《ほうさく》を象徴《しょうちょう》して図の中央下に描《えが》いたのだろうか。

農耕図《のうこうず》（13）部分図。苗代《なわしろ》に種蒔《たねま》きをする。種籾《たねもみ》は二人が抱《かか》えた畚《ふご》にはいってる。二人のうしろにいる蓑《みの》を着け、肩《かた》に風呂鍬《ふろぐわ》をおく農夫は大日堂の方に顔を向けている。石鳥居《いしとりい》の下には二羽の鶏《にわとり》、その右には父と子（赤い着物）がいる。父は凧《たこ》を背負《せお》い、手に凧《たこ》糸を持っている。これから凧揚《たこあ》げをするのだろうか。雪の多いこのあたりも若芽吹《わかめふ》く季節になり、青空に揚《あ》がる凧《たこ》は気持ちよいことだろう。石鳥居《いしとりい》の左では田の草取りをしている。

農耕図《のうこうず》（13）部分図。馬に馬鍬《まんが》を引かせるこの代掻《しろか》きには口取《くちと》りと尻取《しりと》りがそろっている。馬に乗っているように見間違《みまちが》う白い着物の子どもは、馬の向こう側にいて長い口取竿《くちとりざお》を両手を広げて持っている。遊びこけていればよかった子どもから、一家の働き手のひとりとなる最初の試練《しれん》として、子どもに代掻《しろか》きの口取《くちと》りをさせた。口取《くちと》りを群馬県では「鼻取《はなと》り」といい、数え7歳《さい》になるとやらせた。「七つ泣き鼻取《はなと》り」などといったのは、初めての子にはきつい仕事のうえに叱《しか》られ通しで、泣くしかなかったからである。

農耕図《のうこうず》（13）部分図。集落のすべての田植えが終えたあとに行なうサナブリ、この光景は他の農耕図《のうこうず》にも見られる（50・57頁《ぺーじ》）。今でも田植えを無事に終えた慰労《いろう》として、集落みんなで行なっているところはあるが、この図では男たちだけが楽しんでいる。

農耕図《のうこうず》（13）部分図。まわりの田を見守る位置にある大日堂。赤鳥居《あかとりい》は今もある。東北地方では、神と仏《ほとけ》と同体とする神仏混淆《しんぶつこんこう》の名残りをところどころで見る。明治維新《いしん》前には、たとえば太陽に象徴《しょうちょう》される大日如来《だいにちにょらい》と天照大神《あまてらすおおみかみ》を結合して、伊勢《いせ》神宮の内宮《ないくう》は胎蔵界《たいぞうかい》、外宮《げくう》は金剛界《こんごうかい》の大日如来《だいにちにょらい》が本体といった。赤鳥居《あかとりい》はそのつながりを物語る名残りなのだろう。

大日堂の登り口に立つ、額《がく》に「大日如来《だいにちにょらい》」とある赤鳥居《あかとりい》。江戸《えど》時代には神と仏《ほとけ》は同体とされたが、現代《げんだい》の神と仏《ほとけ》は別という目で見ると、仏像《ぶつぞう》の座《ざ》す堂の登り口に注連縄《しめなわ》を張《は》った赤鳥居《あかとりい》があるのは不思議だろう。明治の新政府《しんせいふ》は神と仏《ほとけ》を分離《ぶんり》せよ、という指示《しじ》を出すが、それに動じなかったのだろうか。

他の地方にもないわけではないが、東北地方では田のなかにある小祠《しょうし》をよく見る。そばにある大きな木は、小祠《しょうし》の歳月《さいげつ》をおのずと物語っている。小祠《しょうし》に祀《まつ》る神の名はわからなくても、土地の人々の、田を見守ってくれる神への敬虔《けいけん》な気持ちは伝わってくる。山形県酒田市庭田《にわた》。平成20年（2008）撮影

田のなかにある墓《はか》。盆《ぼん》にはここに親族が集《つど》い、祖先《そせん》を思い感謝《かんしゃ》のひとときを過《す》ごす。背後《はいご》の山は鳥海山《ちょうかいさん》。山形県庄内町堀野《ほりの》。平成20年（2008）撮影

## 墓《はか》のある田

昭和四〇年代あたりまで、東北地方を走る列車の窓《まど》から、茅葺《かやぶき》屋根の農家をよく見ました。今はまれにしか見ることがありません。それほど多いわけではありませんが、変わることなく目にするのは、田のなかにある小祠《しょうし》と樹木《じゅもく》、それに墓《はか》です。

小祠《しょうし》と樹木《じゅもく》は周囲の田を守っているように見えます。守るということでは墓《はか》も同じでしょう。現《げん》在《ざい》はともかく、江戸《えど》時代には墓《はか》があるため売ろうとしても買い手がつかなかったばかりか、借金の担保《たんぽ》にもならなかったはずです。その代わり因縁《いんねん》をつけられて取られることもありませんでした。

といってそのために田のなかに墓《はか》があるわけではありません。また大絵馬《おおえま》とは無関係のような話題ですが、神社（小祠《しょうし》）が田を見守るように描《えが》かれている農耕図《のうこうず》にも通じる話です。

## 皐月《さつき》（14）

秋田県大仙市豊岡
小沼神社《こぬまじんじゃ》　一七三四年
三五×三一四

（裏面）
所願成就皆令満足　角館連中
享保十九年甲寅九月二十四日
大工　工藤左ヱ門
慈悲もなし善根もなし
とちの実を救はせかのふ松風の声　諒山

### 小沼観音《こぬまかんのん》

江戸《えど》時代末に東北地方を旅した菅江真澄《すがえますみ》は、最終の著作《ちょさく》となった『月《つき》の出羽路仙北郡《でわじせんぼくぐん》』二三巻《かん》に小沼観音堂《こぬまかんのんどう》（現小沼神社《げんこぬまじんじゃ》）などのスケッチを載《の》せ、安置する十一面観音（二六七頁《ページ》）にまつわる説話などを書いています。

『秋田風俗絵巻《あきたふうぞくえまき》』の田植え。畦《あぜ》で一休みする早乙女《さおとめ》の足には血が流れている。田にいる、血を吸《す》う蛭《ひる》にやられたようである。所蔵・秋田県立博物館

田植えを終えた田。曲家のまわりの緑も濃《こ》くなっている。滝沢《たきざわ》村ではよく働いてくれた馬に感謝《かんしゃ》し、馬にきれいな飾《かざ》りを着けて蒼前《そうぜん》神社に詣《もう》で、そのあとチャグチャグ馬コの行列に加わる。岩手県滝沢《たきざわ》村。昭和45年（1970）撮影

横の長さが3メートルを越《こ》える大絵馬だが、ほとんどは退色《たいしょく》して残る絵はこの部分だけである。四人が田植え、立っているひとりは稲苗《いなえ》を手渡《てわた》す役のようである。皐月《さつき》らしい菖蒲《しょうぶ》は田の外に咲《さ》いているのだろう。平成20年（2008）撮影

ゴザニゾという被《かぶ》りものに、ツンヌキと呼《よ》ぶ袖《そで》なしの綿入《わたい》れを着た早乙女《さおとめ》。年によって寒暖《かんだん》に多少の違《ちが》いはあるが、東北地方の田植えのころはひんやりとして、田の水は冷たい。早乙女《さおとめ》は厚着《あつぎ》をして田にはいる。袖《そで》なしの綿入《わたい》れの名称《めいしょう》は地域《ちいき》によって異《こと》なるが、東北地方ではこれを着けるのが早乙女《さおとめ》のおしゃれとされた。宮城県七ヶ宿町《みやぎけんしちがしゅく》湯原。昭和43年（1968）撮影

第三章

# 田に水を送る

農耕《のうこう》と札打《ふだうち》図（15）部分図。青々と水を湛《たた》えた溜池《ためいけ》の縁《ふち》に立ち、嫁《よめ》と祖母《そぼ》だろうか、二人は両側に縄《なわ》をつけた木桶《きおけ》で水を汲《く》み、田に水を入れている。地域《ちいき》によって「振《ふ》り釣瓶《つるべ》」、「投げ釣瓶《つるべ》」、「打桶《うちおけ》」などといった。きつい作業のわりには、効率《こうりつ》はあまりよくなかったといわれる。

## 人力《じんりょく》で水を送る

　福岡県《ふくおかけん》内には所在《しょざい》のわかっている農耕図《のうこうず》が二五枚《まい》あって、そのうち二〇枚《まい》は『福岡県史《ふくおかけんし》　近代資料編《きんだいしりょうへん》』に納《おさ》められています。写真の撮影《さつえい》は三〇年ほど前のはずで、図の退色《たいしょく》や剥落《はくらく》は今より少しましですが、それでも何が描《えが》かれていたのだろうか、という箇所《かしょ》が少なくありません。そのため見落としがないとはいえませんが、二〇枚《まい》のうち田に水を送る光景が描《えが》かれているのは三枚《まい》だけです。踏車《ふみぐるま》（一一〇頁《ぺーじ》下）、用水路の水門を開けようとしている図（未掲載《みけいさい》）、もう一枚《いちまい》は振《ふ》り釣瓶《つるべ》です。

　振《ふ》り釣瓶《つるべ》（九四頁《ぺーじ》）は二人が木桶《きおけ》に水を汲《く》んで田に水を送るもので、人力で田に水を送る、もっとも古い方法とされます。この振《ふ》り釣瓶《つるべ》は、労力でも効率《こうりつ》のうえでも格段《かくだん》の進歩となった踏車《ふみぐるま》に変わったという説もありますが、踏車《ふみぐるま》の受入れは地域《ちいき》によって異《こと》なるため、一様にとはいえないようです。振《ふ》り釣瓶《つるべ》と踏車《ふみぐるま》の両方が描《えが》かれている農耕図《のうこうず》もあります（一一〇頁《ぺーじ》上）。

　振《ふ》り釣瓶《つるべ》と踏車《ふみぐるま》のほかに、人力によって田に水を送る方法には、龍骨車《りゅうこつしゃ》（九五頁《ぺーじ》上）、龍尾車《りゅうびしゃ》、玉衡車《ぎょくこうしゃ》、撥釣瓶《はねつるべ》（構造《こうぞう》から二種あって、ひとつは九八頁《ぺーじ》上）などがありました。

　一地域《ちいき》の稲作《いなさく》の歴史は、その地域《ちいき》の水利の歴史とも重なっています。

## 稲作《いなさく》は水が命

　二連、三連の水車がまわりつづける（一一五頁《ぺーじ》）、福岡県《ふくおかけん》朝倉市菱野《ひしの》は、今でこそ豊《ゆた》かな米作地帯ですが、これには洪水《こうずい》や旱魃《かんばつ》を乗り越《こ》えてきた、そこに住む人々の努力がありました。

　菱野《ひしの》のすぐそばを大きな筑後川《ちくごがわ》が流れています。でも技術《ぎじゅつ》をもたなかったために、その川の水を利用することはできませんでした。それどころか少しの雨で川はすぐ氾濫《はんらん》し、しばしば洪水《こうずい》に襲《おそ》われました。しかしそんな土地で生きていかなければなりません。そのために、谷間に湧《わ》き出《で》る小川の水を利用した小さな田を拓《ひら》き、旱魃《かんばつ》の心配をしながら稗《ひえ》・粟《あわ》、豆類などを植えて飢《う》えないようにしました。

　大きな転機となるのは寛文《かんぶん》二年（一六六二）の大旱魃《だいかんばつ》です。食べ物にもこと欠くようになって、このままでは村が全滅《ぜんめつ》する恐《おそ》れがあると考えた村人たちは、協力して筑後川《ちくごがわ》の水を引き入れる工事を始め、一年かけて堀川《ほりかわ》を完成させたのです。氾濫《はんらん》の元凶《げんきょう》とされていた筑後川《ちくごがわ》を利用して稲作《いなさく》の面積を拡大《かくだい》し、さらにその水で今につづく水車をまわしたのです。といって何もかも一気にできたわけではありません。たとえば三連水車《さんれんすいしゃ》ができるのは堀川《ほりかわ》の開削《かいさく》から一二六年も経《た》ってからです。

## 水車はまわる

　人力《じんりょく》によらない、流水だけで回転させる「すいしゃ」とも「みずぐるま」と呼《よ》ばれる水車の歴史は古く、用途《ようと》別に、米や麦などの精白《せいはく》や製粉《せいふん》をする搗水車《つきすいしゃ》、田に水を送る揚水車《ようすいしゃ》、鉱石《こうせき》の粉砕《ふんさい》、砂糖《さとう》や油搾《あぶらしぼ》り用、それに根菜類の泥《どろ》を洗《あら》い落《おと》す水車などがあります。そのなかの揚水車《ようすいしゃ》は、水利権《すいりけん》、個人《こじん》での設置《せっち》の可否《かひ》、水車の製作費《せいさくひ》などから、江戸《えど》時代にはどのくらい普及《ふきゅう》していたのでしょう。もし広く普及《ふきゅう》していたなら、農耕図《のうこうず》にも描《えが》かれたはずですが、農耕図《のうこうず》には人力による揚水《ようすい》しか見られません。

　江戸《えど》時代には水車での米搗《こめつ》きを商売とする人も多く、水車一台にいくらという運上金《うんじょうきん》（商売の課税《かぜい》）を定めていた藩《はん》もあります。明治の新政府《しんせいふ》は明治六年（一八七三）に水車に上・中・下の等級を設《もう》け、年税《ねんぜい》を徴収《ちょうしゅう》するようにしました。上は二円四銭《せん》八厘《りん》でした。

　こうした水車にも人力《じんりょく》にもよらず、山の上からくだってくる水を入れる田もありました。そうした水は冷たいため、水温《みずぬく》めといって、手前で少し温《あたた》めてから、田に送りこむようにしました。

田のわきの水温《みずぬく》め。天日で水を温《ぬく》めてから田に入れる。
福島県下郷《しもごう》町大内。昭和44年（1969）撮影

農耕《のうこう》と札打《ふだう》ちの組合せはこの大絵馬《おおえま》が唯一《ゆいいつ》と思われるが、疑問《ぎもん》がないわけではない。明治維新《いしん》後すでに30年が過《す》ぎたといっても、春から田植えまでは猫《ねこ》の手も借りたいほど人手を必要としたはずで、そんな時期はたして連なって札打《ふだう》ちができたであろうか、ということである。ただ、田植えを終えた他村の人々が、サナブリでの札打《ふだう》ちということも、考えられる。平成20年（2008）撮影

## 農耕《のうこう》と札打図《ふだうちず》（15）

山形県庄内町吉岡《しょうないよしおか》
皇大神社《こうたいじんじゃ》　一八九八年
七八×一六七

明治三一年三月一八日
兼古丑松
（中央上部に記事）

大きな三つの溜池《ためいけ》と、霊場《れいじょう》を巡《めぐ》る札打《ふだう》ちの人々を配した農耕図《のうこうず》。札打図《ふだうちず》は周辺の社寺にも見ますが、農耕《のうこう》と**溜池《ためいけ》**一緒《いっしょ》の図は珍《めずら》しく、また溜池《ためいけ》を描《えが》いた図も多くはありません。

農耕《のうこう》は、代掻《しろか》き、苗《なえ》取り、苗《なえ》運び、田植え、水揚《みずあ》げ、食事などが見られます、代掻《しろか》きを牛で行なっていますが、この地域《ちいき》の農耕《のうこう》は馬が主役だったと思っている人には意外かもしれません。右上に描《えが》かれているのは鳥海山《ちょうかいさん》でしょうか。

農耕《のうこう》と札打図《ふだうち》（15）部分図。伸《の》びた松の木枝《きえだ》の下で六人で田植えをする。天秤棒《てんびんぼう》で苗《なえ》を運ぶ農夫のうしろに赤い着物の子ども、その母親らしい女の人が手にするのは昼飯だろう。

## 札打《ふだう》ちの人々

札打《ふだう》ちは、巡礼《じゅんれい》が参拝《さんぱい》した寺院の柱や壁《かべ》に打ちつけるお札から転じた、霊場巡《れいじょうめぐ》りをいいます。庄内《しょうない》地方では、この札打《ふだう》ちを描《えが》いた大絵馬《おおえま》の多くは神社に見られます。それは「庄内《しょうない》三十三観音《かんのん》」と関係があります。

観音信仰《かんのんしんこう》は平安時代の後期に始まり、江戸《えど》時代に庶民《しょみん》に広く信仰《しんこう》されるようになります。庄内《しょうない》地方では新田《しんでん》の開発で生まれた村が、修験《しゅげん》の山として栄えていた羽黒山《はぐろさん》の寺院から観音菩薩像《かんのんぼさつぞう》を受け、神明宮《しんめいぐう》（神仏混淆《しんぶつこんこう》の堂）を建立《こんりゅう》して安置します。その堂守《どうもり》として羽黒山《はぐろさん》の修験者《しゅげんじゃ》が移《うつ》り住《す》み、観音信仰《かんのんしんこう》を広めました。さらに羽黒山《はぐろさん》の寺院は、正徳《しょうとく》五年（一七一五）に「庄内《しょうない》三十三観音《かんのん》」を設《もう》け、一番札所の羽黒山《はぐろさん》から順番に霊場《れいじょう》を巡《めぐ》る札打《ふだう》ちを盛《さか》んにしました。

農耕《のうこう》と札打図《ふだうちず》を掲《かか》げる、庄内《しょうない》町吉岡《よしおか》の現在《げんざい》の皇大神社《こうたいじんじゃ》は、江戸《えど》時代には聖観音菩薩像《しょうかんのんぼさつぞう》（一六八頁《ぺーじ》上右）を安置する十二番札所で、吉岡山と呼《よ》ばれました。それが明治政府《せいふ》の神仏判然令《しんぶつはんぜんれい》、いわゆる神仏《しんぶつ》分離令《ぶんりれい》によって神と仏《ほとけ》を一緒《いっしょ》にすることはできなくなります。村によっては観音菩薩像《かんのんぼさつぞう》を壊《こわ》したり、捨《す》てたりしましたが、吉岡山では皇大神社《こうたいじんじゃ》となった神社境内《けいだい》の外に新しく堂を造《つく》って聖観音菩薩像《しょうかんのんぼさつぞう》を安置し、十二番札所を守ってきました。

明治三一年（一八九六）に、庄内《しょうない》町吉岡《よしおか》の皇大神社《こうたいじんじゃ》に奉納《ほうのう》された「農耕《のうこう》と札打図《ふだうちず》」は、豊作《ほうさく》の願いに重ねて、札所を守った感謝《かんしゃ》の気持ちもこめられているようです。

農耕《のうこう》と札打図《ふだうちず》（15）部分図。牛に馬鍬《まんが》を引かせて代掻《しろか》きをするそばを、新しい乗物だった人力車が通る。車輪の形が気になるが、乗っているのは良家の奥方《おくがた》のようである。右のひとりは弁当《べんとう》を食べ、向こう向きのもうひとりは煙草《たばこ》をふかしている。

農耕《のうこう》と札打《ふだうち》図（15）部分図。人力車の車夫は男だが、先頭の蝙蝠傘《こうもりがさ》をさすのも男だろうか。他の19人は女だから、女人講《にょにんこう》の一行ということもできる。ちなみにこの大絵馬《おおえま》を掲《かか》げる12番札所吉岡《よしおか》の前の11番札所は、吉岡《よしおか》とはそれほど距離《きょり》のない同じ庄内《しょうない》町の廻館《まわりたて》、あとの13番札所は山形市の山寺で、吉岡《よしおか》からはかなりの距離《きょり》になる。最後の33番札所は鶴岡《つるおか》市金峰山《きんぼうさん》である。

近畿《きんき》地方で最大とされるこの四季耕作図《しきこうさくず》は、元号が明治となるほぼ1ヶ月前の、慶應《けいおう》4年（1868）8月に奉納《ほうのう》されている。右下から種籾浸《たねもみひた》し、牛に犂《すき》を引かせて田起こし、牛での代掻《しろか》き、種蒔《たねま》き、苗《なえ》取り、苗《なえ》運び、田植え、草取り、撥釣瓶《はねつるべ》、稲刈《いねか》り、稲架《はざ》干し、千歯扱《せんばこき》、土摺臼《どするす》での籾摺《もみす》り、唐箕選《とうみせん》、俵詰《たわらづ》め、蔵入《くらい》れなどが描《えが》かれている。俳句《はいく》の夏の季語にある「大原志《おばらざし》」は、この四季耕作図《しきこうさくず》のある大原《おおばら》神社に参詣《さんけい》することで、近松門左衛門《ちかまつもんざえもん》作といわれる浄瑠璃《じょうるり》「源三位頼政《みなもとさんみよりまさ》」に、「女房姫君《にょうぼうひめぎみ》ぼたんの姫《ひめ》、おばらさしにいで立たせ、人目忍《しの》んで丹波路《たんばじ》や」とある。養蚕《ようさん》の神として、春と秋には養蚕《ようさん》農家の参詣《さんけい》も多かった。平成20年（2008）撮影

# 四季耕作図《しきこうさくず》（16）

京都府福知山市三和町大原《おおばら》
大原《おおばら》神社　一八六八年
一六〇×二八〇

奉獻
慶應四戊辰年八月吉祥日　作榮講中

## 山里にあり

田遊《たあそ》びと総称《そうしょう》される、稲作《いなさく》の過程《かてい》を神仏《しんぶつ》の前で演《えん》じる民俗芸能《みんぞくげいのう》は、平野にも山地にもあります。でも奥深《おくふか》い山里に、数百年つづいている田遊《たあそ》びと聞くと、どうしてここで、と思ってしまいます。奥深《おくふか》い山里に鎮座《ちんざ》する大原《おおばら》神社で四季耕作図《しきこうさくず》を見たときも、同じように思いました。ところが後に、この神社は俳句《はいく》の季語の「大原志《おばらざし》」の神社で、山路を厭《いと》わず参拝《さんぱい》に訪《おとず》れる人が多かったことを知りました。

四季耕作図《しきこうさくず》（16）部分図。上から土摺臼《どするす》での籾摺《もみす》り、唐箕選《とうみせん》、俵詰《たわらづ》めの作業をする。唐箕《とうみ》の漏斗口《じょうごぐち》に籾《もみ》を入れるのは女のようだが、あとは男たちである。

四季耕作図《しきこうさくず》（16）部分図。大きな木がある水田のなかの中島に釣瓶井戸《つるべいど》があって、ひとりが田に入れる水を汲《く》みあげている。釣瓶《つるべ》を吊《つ》るした横棒《よこぼう》の支柱《しちゅう》は、右端《みぎはし》の木の二股《ふたまた》部分、おもりをつけた横棒《よこぼう》の後部が右に出ている。この釣瓶井戸《つるべいど》は、送水用の特別な造《つく》りというわけではない。

四季耕作図《しきこうさくず》（16）部分図。腰《こし》を曲げて田植えをする四人のなかに、ひとりだけ女の人がいる。菅笠《すげがさ》を被《かぶ》っていないひとりは稲苗《いねなえ》を手渡《てわた》す役のようである。小川に架《か》かる橋のところにいる人は、天秤棒《てんびんぼう》で稲苗《いねなえ》を運んでいる。

掘井戸《ほりいど》の底に湧《わ》き出《で》る水を、撥釣瓶《はねつるべ》で汲《く》みあげる。絵・中嶋俊枝

手前の鉄鎖《てっさ》の先に吊《つ》るした釣瓶《つるべ》を井戸《いど》のなかにおろしている。Y字形の支柱《しちゅう》の向こう側、横棒《よこぼう》の先には石などのおもりがついている。そのおもりは汲《く》んだ水を引きあげる力に加勢《かせい》し、引きあげを楽にくれる。撥釣瓶《はねつるべ》の名は、そのおもりによって跳《は》ねあがるように見えることからついた。青森県大間町佐井《さい》。昭和43年（1968）撮影

釣瓶《つるべ》を横にして、汲《く》みあげた水を下においた鉄鍋《てつなべ》に入れる。3月は味噌《みそ》作りの時期で、鉄鍋《てつなべ》には大豆がはいっている。青森県大間町佐井《さい》。昭和43年（1968）撮影

奈良《なら》市東部の山中に鎮座《ちんざ》する天満《てんま》神社の絵馬。拝殿《はいでん》と籠所《こもりじょ》にびっしり掲《かか》げられている。昭和56年に見たなかでは昭和55年（1980）3月奉納《ほうのう》のものがもっとも新しかった。この両頁《りょうぺーじ》に掲載《けいさい》した3点の絵馬はいずれも6月の奉納《ほうのう》だが、偶然《ぐうぜん》こうなっただけでほかの月の奉納《ほうのう》も多い。昭和56年（1981）撮影

## 天満《てんま》神社

稲《いね》には水とともに一定の日照時間が必要です。そのどちらが不足しても稲《いね》は実りません。影響《えいきょう》のもっとも大きいのは天候で、雨がつづいても日照りがつづいても不作になります。

奈良《なら》市日笠《ひがさ》町にある天満《てんま》神社の拝殿《はいでん》や籠所《こもりじょ》には、日乞《ひご》い、雨乞《あまご》いの絵馬がびっしり掲《かか》げられています。

「奉納　于時明治三拾二年六月吉日　東郷中」。勢《いきお》いよく駆《か》ける黒毛馬《くろげうま》。この勢《いきお》いはそのまま雨が勢《いきお》いよく降《ふ》って欲《ほ》しいという願いなのだろうか。掲《かか》げられた絵馬に右向きもないわけではないが、左向きに勢《いきお》いよく駆《か》けている図が多い。昭和56年（1981）撮影

「奉懸御寶殿　明治貳拾八年六月吉日　日清戦争平和願　大字日笠中」。白毛馬《しろげうま》の絵馬は、止雨、すなわち晴天を願うとき奉納《ほうのう》する。これに日清戦争が終わって平和になることをかけている。日本は明治27年（1894）8月1日に中国の清国に宣戦布告《せんせんふこく》、翌《よく》明治28年4月17日に日清講和条約《こうわじょうやく》を調印している。絵馬はその2ヶ月後の奉納《ほうのう》である。昭和56年（1981）撮影

## 晴雨《せいう》を祈《いの》る

奈良《なら》市日笠《ひがさ》町の天満《てんま》神社に奉納《ほうのう》された絵馬には、東郷中、日笠中など「中」の字が記されています。これは村中の者こぞって祈願《きがん》するという意味で、奉納《ほうのう》は若者組《わかものぐみ》が村を代表して行ないました。

古くは、雨乞《あまご》いには黒毛馬《くろげうま》を、日乞《ご》いには白毛馬《しろげうま》を数頭引いて神社に参り、境内《けいだい》を駆《か》けまわらせて祈願《きがん》しました。これは『続日本紀《しょくにほんぎ》』に見られる、雨乞《あまご》い、日乞《ご》いの儀礼《ぎれい》と同じもので、平安時代からつづいていたことになります。

馬がそろわないときに絵馬を代用したといい、昭和五六年（一九八一）に訪《おとず》れて見たもっとも古い絵馬は、文政《ぶんせい》元年（一八一八）奉納《ほうのう》のものでした。

「奉懸御寶前　慶應二丙寅年六月吉日　南都中院町讃岐屋弥七　敬白」。赤毛馬《あかげうま》は晴天を願うときに奉納《ほうのう》したが、また暴風雨《ぼうふうう》などで荒《あ》れそうなときに、鎮《しず》まるのを願って奉納《ほうのう》することもあった。昭和56年（1981）撮影

若者《わかもの》組が一団《いちだん》となって行なう雨乞祈念《あまごいきねん》。その願いが通じたのか雷鳴《らいめい》がとどろき、雨が降《ふ》り出している（右上）。川西町には5つの川が流れているが、恩恵《おんけい》より川のもたらす被害《ひがい》の方が大きかった。土地では「ヒヤケー番、ミズツキー番」といい、旱魃《かんばつ》と洪水《こうずい》はどこにも負けないといった。旱魃《かんばつ》では川の水がカラカラになるので、それだけに雨乞《あまご》いは真剣《しんけん》だった。昭和56年（1981）撮影

## 雨乞祈念図《あまごいきねんず》（17）

奈良県《ならけん》川西町結崎《ゆうざき》
糸井《いとい》神社　一八九四

奉納
明治二十七年拾一月吉辰
大字結崎井戸垣内　若連中
大阪新町通三丁目
平井義重筆　方印
世話人（岡田直蔵ら二四名連記）

雨乞祈念図《あまごいきねんず》（17）部分図。氏神の糸井《いとい》神社の拝殿《はいでん》前に設《もう》けた祭壇《さいだん》に餅《もち》と神酒《しんしゅ》、その向こうの左右に梵鐘《ぼんしょう》がおいてある。御幣《ごへい》を手にする神主《かんぬし》は、腰《こし》を低くして祓《はら》いをする。手前に4斗《と》（72リットル）入りの薦被《こもかぶ》りが4樽《たる》、向こうの狛犬《こまいぬ》わきの2樽《たる》はすでに蓋《ふた》が開き、見守る若者《わかもの》たちは大きな盃《さかずき》を手にしている。

雨乞祈念図《あまごいきねんず》（17）部分図。さらに二つの梵鐘《ぼんしょう》が若者《わかもの》たちによって勢《いきお》いよく運びこまれてくる。江戸《えど》時代には同体だった神仏《しんぶつ》は、すでに分離《ぶんり》されている。そのため祭壇《さいだん》は拝殿《はいでん》の前に設《もう》けられたのだろう。神域《しんいき》の池に寺院のものである梵鐘《ぼんしょう》を投げ入れるのだから、神主《かんぬし》は梵鐘《ぼんしょう》を祓《はら》い清《きよ》めなければならない。

## 若者《わかもの》の役割《やくわり》

江戸《えど》時代の村（集落）のなかでの若者《わかもの》の地位は、長男と二、三男では差がありましたが、総《そう》じて高いものでした。長老に相談はしますが、村の自治の多くをまかされていました。農作業の合間に設《もう》ける農休みの日の決定、祭日の日の役割《やくわり》、村の警備《けいび》、災害《さいがい》への対応《たいおう》など、村の人々も若者《わかもの》たちに信頼《しんらい》をおいていました。

まかされるということは、責任《せきにん》を持たされることです。日照りがつづいたら雨を降《ふ》らせる、逆《ぎゃく》に長雨は葬《ほうむ》って晴天にするという責任《せきにん》も果たさなければなりませんでした。江戸《えど》時代はもとより明治になってもなお、それは神仏に頼《たよ》るしかありませんでした。

神仏《しんぶつ》に雨を願う方法にはいろいろありましたが、この雨乞祈念図《あまごいきねんず》では梵鐘《ぼんしょう》を池に投げ入れています。金物を嫌《きら》う水神の住む池に金物の梵鐘《ぼんしょう》を投げこみ、水神を怒《おこ》らせて天空を乱《みだ》し、雨を降《ふ》らせようというのです。梵鐘《ぼんしょう》は村々からつぎつぎと運びこまれています。奉納《ほうのう》が一一月というのは、こうして雨になり、豊作《ほうさく》になったのを感謝《かんしゃ》したものかもしれません。

この大絵馬を奉納《ほうのう》した井戸垣内《いどかいと》の若者《わかもの》たちは、そばを流れる寺川のなかに井戸《いど》を掘《ほ》って框《かまち》（桶《おけ》のようなもの）を入れ、旱魃《かんばつ》には、そこに溜《た》まった水を撥釣瓶《はねつるべ》で汲《く》み揚《あ》げて田に入れました。こうした井戸《いど》をカエドといい、加入者は費用を分担《ぶんたん》し、また交代で水汲《みずく》みをやりました。井戸垣内《いどかいと》にはこうしたカエドが三ヶ所ありました。

雨乞祈念図《あまごいきねんず》（17）部分図。神域《しんいき》の池に梵鐘《ぼんしょう》を投げ入れる井戸垣内《いどかいと》の若者《わかもの》たち。提燈《ちょうちん》の「若《わか》」は若連中《わかれんちゅう》の標である。若者《わかもの》たちは、神域《しんいき》の池に寺院の金物の梵鐘《ぼんしょう》を投げ入れることで、水神の怒《いか》りが倍増《ばいぞう》する、と考えたとしても不思議ではない。村の人々に信頼《しんらい》され頼《たよ》られている若者《わかもの》たちは、それに応《こた》えるために考え、そして行動した。

天保《てんぽう》8年（1837）編纂《へんさん》の『紀伊國名所圖會《きのくにめいしょずえ》　後編《こうへん》二』に見る、和歌山県海部《あまべ》郡引尾《ひきお》村（現海南市《げんかいなんし》）の雨乞踊《あまごいおど》り。浴衣《ゆかた》に田楽笠《でんがくがさ》の男たちが、雨と書いた扇子《せんす》を手に踊《おど》っている。

## 雨乞踊《あまごいおど》り

奈良盆地《ならぼんち》を上空から見おろすと、点《てん》在《ざい》する巨大《きょだい》な天皇陵《てんのうりょう》とともに、大小無数の溜池《ためいけ》が目にはいります。稲作《いなさく》に必要な水を湛《たた》えたこの溜池《ためいけ》は、奈良盆地《ならぼんち》の稲作《いなさく》の苦労を物語っているようです。

奈良盆地《ならぼんち》にも幾筋《いくすじ》もの川はありますが、近年の河《か》川改修《せんかいしゅう》まで、少しの長雨ですぐ洪水《こうずい》になり、旱魃《かんばつ》がつづくと今度は川底が干《ほ》しあがり、一滴《てき》の水もなくなるという川が少なくありませんでした。溜池《ためいけ》はそのための備《そな》えです。

こうした洪水《こうずい》と旱魃《かんばつ》に悩《なや》まされてきたのは奈良《なら》盆地《ぼんち》とはかぎりませんが、といって旱魃《かんばつ》に備《そな》えた溜池《ためいけ》があるわけではありません。奈良盆地《ならぼんち》に溜池《ためいけ》が多いのは、天皇陵《てんのうりょう》を築《きず》いた土木工事の技術《ぎじゅつ》が受《う》け継《つ》がれてきたからではないかとされます。

数はそれほど多いわけではありませんが、全国に見られるのは雨乞《あまご》いに舞《ま》い踊《おど》った雨乞踊《おど》りです。今は氏神の例祭《れいさい》に奉納《ほうのう》される民俗芸能《みんぞくげいのう》となり、名称《めいしょう》は雨乞踊《おど》りとはかぎりませんが、雨乞踊《おど》りに発したことは伝えています。ほぼ共通しているのは、小太鼓《こだいこ》か大太鼓《おおだいこ》を打ち鳴らしながら舞《ま》い踊《おど》るということです。太鼓《たいこ》の響《ひび》きは雨雲を呼《よ》ぶ雷鳴《らいめい》につながります。

雨雲を呼《よ》ぶのは囃子《はやし》歌にもあります。左頁《ひだりぺーじ》の日の出町の鳳凰《ほうおう》の舞《ま》いでは、

大岳山《おおだけやま》の黒雲、雨がざんざと降《ふ》ってきた。これにかかれ夕立や、アーイー

と歌います。雨を呼《よ》ぶ大岳山《おおだけやま》は、日の出町の西方に見える一二六七メートルの山です。

上の絵図には、

杉《すぎ》の木陰《こかげ》で月見れバ　志《し》はしくもりて雨がふる

と記されています。

絵馬とともに雨乞踊《おど》りも大切にされてきました。

東京都の西部、日の出町平井《ひらい》に伝わる鳳凰《ほうおう》の舞《まい》。今は春日神社の例祭（9月末の日曜日）に奉納《ほうのう》しているが、古くは晴の日がつづいたとき雨乞踊《あまごいおど》りとして踊《おど》った。舞《まい》は鳳凰《ほうおう》の冠《かんむり》を頭に頂《いただ》いた4人と赤頭巾《あかずきん》のささら持ち4人が舞《ま》う。中央においた薦《こも》を巻《ま》いた太鼓《たいこ》を打つのは鳳凰《ほうおう》の冠《かんむり》を頭に頂《いただ》いた4人、2人ずつ入《い》れ替《か》わって打つ。ほかに奴《やっこ》のユーモラスな奴舞《やっこまい》がある。平成3年（1991）撮影

右下は田起こし。牛が犂《すき》を引く。その左の牛は馬鍬《まんが》で代掻《しろか》きをする。牛の上には種籾浸《たねもみひた》し、種蒔《たねま》き、踏車《ふみぐるま》の上下には苗《なえ》取り、田植えが描《えが》かれている。犬に吠《ほ》えられて逃《に》げるらしい子どもの下には稲刈《いねか》り、左には脱穀調製《だっこくちょうせい》が見られる。横長の2枚《まい》板に、稲作《いなさく》の光景がひと通り納《おさ》められているこの四季農耕図《しきのうこうず》の見所は、やはり踏車《ふみぐるま》だろう。平成20年（2008）撮影

## 四季農耕図《しきのうこうず》（18）

和歌山県和歌山市金谷《かなや》
小倉神社　一八六一年
五五×一七七・五

奉献
辛文久元酉仲秋
願主　金谷村　佐右ヱ門

**踏車《ふみぐるま》**　田起こしから蔵入《くらい》れまで描《えが》かれています。そのほぼ中央に見る踏車《ふみぐるま》は、寛文《かんぶん》年間（一六六一～一六七三）に大阪《おおさか》で作られ、各地に広まったとされます。

四季農耕圖《しきのうこうず》（18）部分図。千歯扱《せんばこき》、土摺臼《どするす》での籾摺《もみす》り、万石通《まんごくとおし》、風選《ふうせん》、俵詰《たわらづ》め、蔵入《くらい》れなど作業が、前後しながら描《えが》かれている。籾摺《もみす》りをした玄米《げんまい》と籾殻《もみがら》を選り分ける万石通《まんごくとおし》は、ここまでの農耕図《のうこうず》のなかでは初めてとなる。

四季農耕圖《しきのうこうず》（18）部分図。右端《みぎはし》の男の人は天秤棒《てんびんぼう》で稲苗《いねなえ》を運ぶ。同じ天秤棒《てんびんぼう》でも褌一丁《ふんどしいっちょう》の男の子が担《かつ》ぐのは、昼飯の薬罐《やかん》とお櫃《ひつ》。前の母親が抱《かか》えるのはおかずのはいった器だろうか。この農耕図《のうこうず》では白の着物（野良着）が多く、他の農耕図《のうこうず》とくらべて特異《とくい》に見える。踏車《ふみぐるま》は軽やかにまわっているが、水車の描写《びょうしゃ》は細部が正確《せいかく》とはいえない。

四季農耕図《しきのうこうず》（11）部分図。男二人が木桶《きおけ》で田に水を送る振《ふ》り釣瓶《つるべ》は、右の踏車《ふみぐるま》の普及《ふきゅう》で消えたとする論考《ろんこう》もある。とすると、送水の推移《すいい》を残し伝えようとして、わざわざ描《えが》き入《い》れたのかもしれない。

田に水を送る作業は、長く人力で行われてきました。農耕図《のうこうず》には人力による送水しか描《えが》かれていないようです。

## 踏《ふ》みつづける

人力を要しない水車や機器ができてからも、たとえば用水路の流れや使用上の制約《せいやく》などから、人力よる送水の作業をつづけなければならないところが多かったのです。

上の農耕図《のうこうず》（部分図）では、踏車《ふみぐるま》と振《ふ》り釣瓶《つるべ》の二つの方法で田に水を送っています。踏車《ふみぐるま》では、一反歩（一〇アール）の水田に水を送るのに踏車《ふみぐるま》を約一〇〇回、一時間ほどかけて回転させなければなりませんでした。

二人が木桶《きおけ》に水を汲《く》んで送る振《ふ》り釣瓶《つるべ》では、木桶《きおけ》の大小にもよりますが、一日に四反歩（四〇アール）が限度《げんど》だったとされます。作業は交代でつづけましたが、送水には互《たが》いに助け合う結《ゆい》（労働交換《ろうどうこうかん》）はなかったので、家族だけでの稲作《いなさく》で子どもがまだ幼《おさな》い場合は、夫婦《ふうふ》が交代で踏車《ふみぐるま》を踏《ふ》みつづけることもありました。すべて手作業だったころの稲作《いなさく》は、田植えのあともなお、きつい作業がつづいたのです。

福岡県《ふくおかけん》福津市《ふくつし》在自《あらじ》の金刀比羅《ことひら》神社に奉納《ほうのう》された『農耕図《のうこうず》』の部分図（全体図未掲載《みけいさい》）。上の図の踏車《ふみぐるま》の足の位置では踏《ふ》む力が弱く、脛《すね》を羽根にぶつけて怪我《けが》をする恐《おそ》れがある。この図の方が安定している。

学校を終えて田に直行したのか、学生帽《がくせいぼう》に学生服で踏車《ふみぐるま》をまわし、用水路の水を田に送る弟。それを見守る野良着姿《すがた》の姉。このあたりでは20分ほどで交代したという。姉の背後《はいご》の稲《いね》の状態《じょうたい》から推測《すいそく》すると、田植えを終えたばかりのようである。秋田県横手市八橋《やわた》。昭和33年（1958）　撮影・佐藤久太郎

ほとんどが退色《たいしょく》して消えかかっているのに、茅葺《かやぶき》屋根の宇佐八幡宮《うさはちまんぐう》だけはまだ鮮明《せんめい》である。その左の雲を越《こ》えた一画に、馬に犂《すき》を引かせて田起こしをするのがかろうじて判別《はんべつ》できる。そばの田では田植えをしているように見えるが、確《たし》かではない。林立する棒状《ぼうじょう》のものは、宇佐八幡宮《うさはちまんぐう》参道の樹木《じゅもく》らしい。平成20年（2008）撮影

## 農耕図《のうこうず》（19）

福岡県《ふくおかけん》八女《やめ》市岩崎
宇佐八幡宮《うさはちまんぐう》　一八四九年
一四五×一九三

奉寄進
嘉永二酉年
（由来書）

**褒賞《ほうしょう》記念**　八女《やめ》市指定有形民俗文《みんぞくぶん》化財《かざい》の正式名称《めいしょう》は「宇《う》佐八幡宮農耕絵馬《さはちまんぐうのうこうえま》」です。

十三連の踏車《ふみぐるま》と宇佐八幡宮《うさはちまんぐう》、農耕《のうこう》が描《えが》かれていますが、退色《たいしょく》が進み、雲の部分に書かれている由来書もほとんど読むことができません。

この十三連水車を見て感心した藩主《はんしゅ》（久留米《くるめ》藩《はん》・有馬氏）が、農民に褒賞《ほうしょう》を与えました。大絵馬《おおえま》はその記念に奉《ほう》納《のう》したといわれます。

十三連水車に使用の踏車《ふみぐるま》。八女民俗資料館《やめみんぞくしりょうかん》の十三連水車も描《えが》かれている農耕図《のうこうず》のそばに展示《てんじ》されている。所蔵《しょぞう》・八女民俗資料館《やめみんぞくしりょうかん》

農耕図《のうこうず》（19）部分図。福島城の城下町《じょうかまち》を中心とした八女《やめ》市は、八女《やめ》茶とともに仏壇《ぶつだん》や提燈《ちょうちん》など、工芸品の町として知られる。真っ直ぐな木を使って丸い水車を造《つく》るには、木の性質《せいしつ》を見極める確《たし》かな目と腕《うで》が必要で、水車は水車大工の手に委《ゆだ》ねるのが普通《ふつう》だった。工芸品の町の福島（八女《やめ》市）には、おそらく確《たし》かな腕《うで》の水車大工がいたので、十三連水車もできたのだろう。

まわる水車で汲《く》みあげられた水はまず樋《とい》に落ち、さらにコンクリート製《せい》の升《ます》のなかに落ちて（右下）集められる。この集められた水は、農道の下に埋《う》められた土管を通り、サイフォンの原理で水田に噴《ふ》き出《だ》すようになっている。三連水車が送水する水田の面積はは13・8ヘクタールという。福岡県《ふくおかけん》朝倉市菱野《ひしの》。平成20年（2008）撮影

右から、上車（直径4・76メートル）、中車（直径4・30メートル）、下車（直径3・98メートル）と呼《よ》ぶ。幅員《ふくいん》はいずれも1・50メートル。揚水量《ようすいりょう》は、一回転の所要時間と柄杓《ひしゃく》数（水車の両側についている）と柄杓《ひしゃく》一個《こ》の容量《ようりょう》で異《こと》なる。上車の柄杓《ひしゃく》数は24個《こ》で一回転15秒、中車は22個《こ》で一回転10秒、下車は20個《こ》で一回転8秒、三連水車の合計の汲水量《きゅうすいりょう》は、毎分6100リットルである。福岡県《ふくおかけん》朝倉市菱野《ひしの》。平成20年（2008）撮影

## 重連水車《じゅうれんすいしゃ》

水車は一ヵ所に一台が普通《ふつう》ですが、重連《じゅうれん》水車《すいしゃ》は、田に水を送る水車を二連あるいは三連を連結し、揚水《ようすい》の効率《こうりつ》をあげた水車です。

福岡県《ふくおかけん》朝倉市の堀川では、今も二連、三連の大きな水車が六月中旬《ちゅうじゅん》から一〇月初旬《しょじゅん》にかけてまわっています。三連水車が最初に設置《せっち》されたのは寛政《かんせい》元年（一七八九）といいますから、すでに二〇〇年を越《こ》えています。でも当初の水車が今もまわっているわけではありません。水車は杉《すぎ》、松、樫《かし》、竹などで造《つく》られます。水にぬれ、しかもまわりつづけるのでこうした素材《そざい》は壊《こわ》れるのが早く、これまで幾度《いくど》も作り直されてきました。

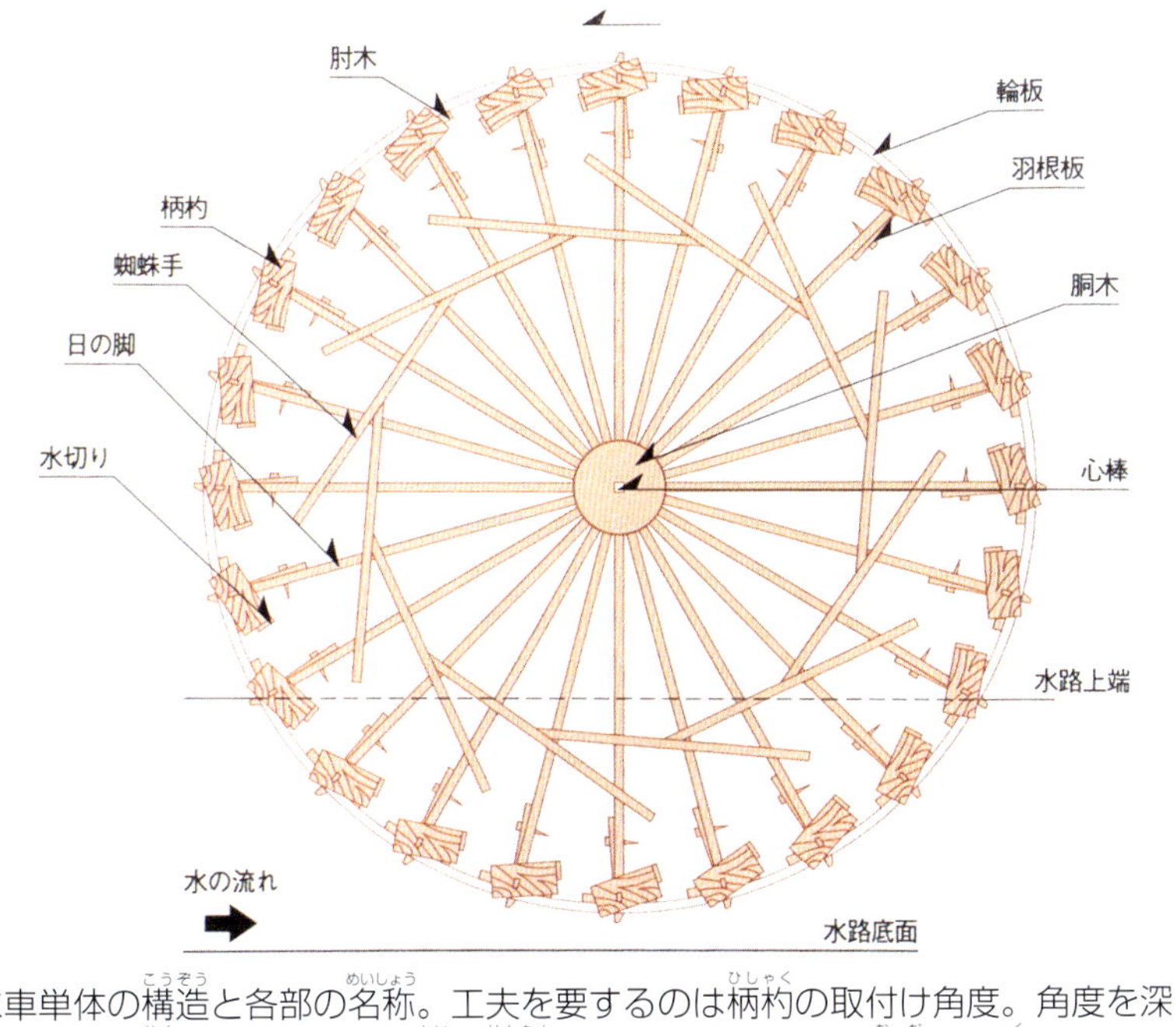


水車単体の構造《こうぞう》と各部の名称《めいしょう》。工夫を要するのは柄杓《ひしゃく》の取付け角度。角度を深くすると落水が遅《おく》れ、浅くすると樋《とい》の先端《せんたん》近くに落ちる。水を無駄《むだ》なく汲《く》みあげる角度は3寸《ずん》4分（19度）である。福岡県《ふくおかけん》朝倉市発行のパンフレット「水車物語」より

寒さで動力の水がツララになってしまった米搗《こめつき》水車。水車小屋のなかには、木製《もくせい》の大きな歯車を組合わせた米搗《こめつ》き（精白《せいはく》）の装置《そうち》がある。水車でゆっくり搗《つ》く米は熱を持たないので、機械で搗《つ》く米よりずっと美味《おい》しかったという。昭和40年代あたりまで、奥三河《おくみかわ》と呼《よ》ばれるこの東栄町周辺には、こうした米搗《こめつき》水車があちこちにあった。愛知県東栄町古戸《ふっと》。昭和43年（1968）撮影

第四章

# 稲作の農具と技術

農耕図《のうこうず》（20）部分図。鎌《かま》で稲刈《いねか》りをする。鎌《かま》は弥生《やよい》時代に穂摘《ほつ》みに使った石庖丁《いしぼうちょう》が原形とされる。石庖丁《いしぼうちょう》で穂《ほ》だけ摘《つ》むのと、鎌《かま》で根株《ねかぶ》近くを刈《か》るのでは、以後の脱穀調製《だっこくちょうせい》の方法も農具も違《ちが》っていたはずである。江戸《えど》時代の農耕図《のうこうず》だけで両者の比較《ひかく》はできないが、農耕図《のうこうず》にはさまざまな発見もある。

## 江戸《えど》時代の農具

稲刈《いねか》りから俵詰《たわらづ》めまでの秋の作業に用いられた江戸《えど》時代の農具は、いつごろ生まれたのか、あるいはいつごろにはあったのでしょうか、一部は写真説明にも書いています。

鉄製《てつせい》の鎌《かま》（一一七頁《ページ》）は用途《ようと》によって作りが少し異《こと》なりますが、刃《は》を柄《え》に差し込み口金《くちがね》と目釘《めくぎ》で止めた鎌《かま》の図を最初に見るのは、正徳《しょうとく》三年（一七一三）発行の『和漢三才圖繪《わかんさんさいずえ》』です。これはそのころにはすでに使われていたということです。

石庖丁《いしぼうちょう》で穂刈《ほが》りをしていた弥生《やよい》時代の脱穀《だっこく》は、穂《ほ》から籾《もみ》を手で一粒《つぶ》ずつ取る方法だったと思われます。長岡藩《ながおかはん》（新潟県《にいがたけん》）の天保《てんぽう》一〇年（一八三九）ごろの記録に、昔は扱箸《こきばし》といって、人差指に細い竹をはさんで一穂《ほ》ずつ籾《もみ》を扱《こ》き落としたとあり、それが享保《きょうほう》年中（一七一六〜一七三五）に千歯扱《せんばこき》が出て手間が省けるようになったとあります。それからすると扱箸《こきばし》を使った昔とはそれより前ということになり、それまでは弥生《やよい》時代と同じような方法で脱穀《だっこく》をしていた、ということになります。

この長岡藩《ながおかはん》の扱箸《こきばし》は農耕図《のうこうず》に見る扱箸《こきばし》（一三三頁《ページ》）とは違《ちが》うようです。扱箸《こきばし》とくらべて、脱穀《だっこく》の能率《のうりつ》が倍以上になった千歯扱《せんばこき》（一三六頁《ページ》）は、元禄《げんろく》元年（一六八八）に和泉《いずみ》（大阪府《おおさかふ》）の大工が発明したといわれます。確証《かくしょう》はないようですが、もし事実なら、当時の長くかかった普及《ふきゅう》の歳月《さいげつ》からすると、長岡藩《ながおかはん》で使われ始めた時期と合っているようです。

扱箸《こきばし》や千歯扱《せんばこき》で脱穀《だっこく》してまだ残っている籾《もみ》や芒《のぎ》を取るため、唐竿《からさお》（一二六頁《ページ》）で叩《たた》きました。承平《じょうへい》年間（九三一〜九三七）に編《あ》まれた『倭名類聚鈔《わみょうるいじゅうしょう》』に見る連枷《れんか》は唐竿《からさお》のことです。唐竿《からさお》のつぎは籾摺《もみす》りをします。籾殻《もみがら》を取って玄米《げんまい》にするもので、古くは竪臼《たてうす》と竪杵《たてきね》で搗《つ》いて籾殻《もみがら》を取りました。この竪臼《たてうす》と竪杵《たてきね》は唐臼《からうす》（一二八頁《ページ》）が普及《ふきゅう》してからも使われています。

籾摺《もみす》りを終えたばかりの玄米《げんまい》には、藁屑《わらくず》や小石などのゴミがかなり混《ま》じっています。それを取り去るのが唐箕《とうみ》（一四〇頁《ページ》）や万石通《まんごくとおし》（一三九頁《ページ》）です。万石通《まんごくとおし》は千石通《せんごくとおし》ともいい、嘉永《かえい》元年（一八四八）の『武江年表《ぶこうねんぴょう》』には、貞享《じょうきょう》四年（一六八七）に江戸《えど》の釘屋喜兵衛《くぎやきへえ》が発明したとあります。

## 年貢米納入《ねんぐまいのうにゅう》

米を作っても自らは食べることはできなかった、というのが、江戸《えど》時代の多くの農民の実情《じつじょう》だったとされます。年貢米《ねんぐまい》として納入《のうにゅう》したあとに、自家に残る米はわずかだったからです。

年貢米《ねんぐまい》には厳《きび》しい決まりがありました。備中《びっちゅう》（岡山県《おかやまけん》）新見藩《にいみはん》の宝暦《ほうれき》二年（一七五二）の御蔵方収納定《おくらかたしゅうのうさだめ》では、不足米一合あれば過料《かりょう》米一升《しょう》、一合のなかに籾《もみ》が三粒《つぶ》混《ま》じっていればやはり一升《しょう》、四粒《つぶ》あれば一升《しょう》五合、青米、赤米、折米があっても同等というものでした。しかもその俵《たわら》だけではなく、同じ村から同じ日に納入《のうにゅう》した俵《たわら》全部から徴収《ちょうしゅう》するというものでした。

社寺に奉納《ほうのう》された農耕図《のうこうず》には、そうした大変だった一面は描《えが》かれていませんが、心に留《とど》めて農耕図《のうこうず》を見て欲《ほ》しいものです。

明治43年（1910）に発明され、またたく間に全国に普及《ふきゅう》した足踏脱穀機《あしぶみだっこくき》。円形の胴《どう》に銅線《どうせん》をV字形に曲げた扱歯《こきは》を千鳥形に立ててある。その胴《どう》を足踏《あしぶみ》板に連結したクランクで回転させ、扱歯《こきば》に稲穂《いなほ》を寄《よ》せるようにして脱穀《だっこく》する。明治以降《いこう》の稲作技術《いなさくぎじゅつ》の向上は、めざましいものがあった。秋田県湯沢《ゆざわ》市山田。昭和38年（1963）　撮影・佐藤久太郎

北と南につながりはないが、この農耕図《のうこうず》が奉納《ほうのう》された寛政《かんせい》元年（1789）には、九州に三連水車が誕生《たんじょう》している（115頁《ぺーじ》）。推測《すいそく》になるが、天明2年（1782）から5年もつづいた天明の大飢饉《だいききん》から、どうにか立ち直ることができた、ということかもしれない。昭和61年（1986）撮影

## 農耕図《のうこうず》（20）

青森県八戸《はちのへ》市内丸
龗《おがみ》神社　一七八九年
八八×一五六・五

諸願成就也
寛政元己酉年四月吉日

### 実りの秋

八戸《はちのへ》市の人々が「おがみ神社」と呼《よ》んでいる、神社の龗《おがみ》は、水の神、雨や雪を司《つかさど》る神、龍神《りゅうじん》をいいます。福岡県福津《ふくおかけんふくつ》市にも同じつづりの神社がありますが、そこでは「うがみ」と読み、八龍神社《はちりゅうじんじゃ》の別名があります。

この農耕図《のうこうず》は四季ではなく、秋の作業だけで一枚《いちまい》にしています。右方から、稲刈《いねか》り、稲《いね》運び、稲《いね》積み、扱箸《こきばし》、唐竿《からさお》、籾摺《もみす》り、選別が描《えが》かれています。描《えが》く過程《かてい》が少ないだけに、四季を描《えが》いた農耕図《のうこうず》より克明《こくめい》にていねいに描《えが》かれています。着物、農具類の細部、人の動きも写実的です。

年代の古さでは、現在《げんざい》わかっている東北六県の農耕図《のうこうず》のなかでこの農耕図《のうこうず》は三番目になります。一番目は小沼《こぬま》神社の皐月《さつき》（八七頁《ぺーじ》）ですが、退色《たいしょく》して残っているのは田植えだけです。二番目は横手市の増田《ますだ》郷土資料館《きょうどしりょうかん》にある耕作成就祈所《こうさくじょうじゅきしょ》です。でもこれは復元製作《ふくげんせいさく》しているため、東北六県での確《たし》かな年代と記録ということでは、この農耕図《のうこうず》が一番になります。

稲作《いなさく》の過程《かてい》を演《えん》じる民俗芸能《みんぞくげいのう》の田遊《たあそ》びは、九州以北では田植えが中心ですが、九州以南の南西諸島《なんせいしょとう》では、多く実りの喜びを表した豊年祭《ほうねんさい》になります。遠く離《はな》れた北と南が、偶然《ぐうぜん》とはいえ、実りの秋でつながっている面白さも、この農耕図《のうこうず》にはあります。

## 稲刈《いねか》り

鎌《かま》で稲刈《いねか》りをする光景は、刈《か》る人の姿《すがた》にはつらつとしたものがありました。稲刈《いねか》りをする左の図の三人の男にも、その姿《すがた》がかすかに見られます。立って稲《いね》を束ねる、奴《やっこ》さんを思わせる髭面《ひげづら》の男の人は、胸《むね》にも突《つ》き出《で》た腹《はら》にも毛があります。その前の男の人はきちんと着物を着て赤襷《あかだすき》、頭から巻《ま》いた赤い布《ぬの》を顎《あご》でしばっています。右手に持つ稲《いね》を刈《か》ったところで振《ふ》り向《む》いたので、刈鎌《かりがま》は稲《いね》の上に浮《う》いています。

手前のひたすら稲《いね》を刈《か》る男は、立っている男と同じように上半身は裸《はだか》、脱《ぬ》いだ着物を腰《こし》に巻《ま》きつけています。頭は捩鉢巻《ねじりはちま》きのようです。刈《か》った稲《いね》は、穂《ほ》を下にして田に直に並《なら》べ干《ほ》しています。

農耕図《のうこうず》（20）部分図。刈《か》った稲《いね》はしばらく天日で干《ほ》すが、その方法は地域《ちいき》によってさまざまだった。この図のように、穂《ほ》を下に田に並《なら》べ干《ほ》すのを「地干《ぼ》し」といった。こうして茎《くき》の根元の方に多い水分を飛ばす。

左は刈《か》った稲《いね》を牛の背《せ》で運ぶ。稲《いね》は稲架《はざ》に掛《か》け干《ほ》すのだろう。左向き、右向きの違《ちが》いはあるが、右の稲刈《いねか》りと上図はよく似《に》ている。稲刈鎌《いねかりがま》でこのように根元から刈《か》るようにしたのは、稲藁《いなわら》の利用を考えたからかもしれない。江戸《えど》時代の農民は、米をあきらめて藁《わら》を取った、といった人がいる。稲藁《いなわら》は家畜《かちく》の飼料《しりょう》として、またさまざまな生活用品を作る原材料になった。『畫本通寶志《えほんつうほうし》』挿図

短い秋の午後の稲刈《いねか》り。さっきまで霧雨《きりさめ》が降《ふ》っていたが、手伝ってくれる人の順番があるので止めるわけにはいかない。刈《か》った稲《いね》は腰《こし》にさした藁《わら》でしばり、とりあえず足元の田においてつぎを刈《か》る。雲の切れ間から一瞬《いっしゅん》さした陽が、向こうの山に虹《にじ》を描《えが》いた。でも稲刈《いねか》りの4人には、眺《なが》めている余裕《よゆう》はなさそうだった。群馬県片品村《ぐんまけんかたしな》土出《つちいで》。昭和42年（1967）撮影

稲架《はざ》に掛《か》け干《ほ》す稲《いね》を運ぶ娘《むすめ》。昭和40年代あたりまで、田畑で働く若《わか》い人の姿《すがた》をよく見た。その姿《すがた》には健康的な美しさがあった。稲《いね》を掛《か》け干《ほ》す稲架《はざ》の作りは地域《ちいき》によってさまざまで、写真は竹を使った三段掛《だんがけ》け、ここに稲《いね》を掛《か》け干《ほ》すのは父親ら男たちだろう。群馬県片品村《ぐんまけんかたしな》土出《つちいで》。昭和42年（1967）撮影

ハナフクベを着けて稲鳰《いなにお》に稲《いね》を重ねる。ハナフクベは一種の日除《ひよ》けで、呼《よ》び名《な》は異《こと》なるが、秋田から新潟《にいがた》にかけて見られた。秋田県由利本荘《ゆりほんじょう》市前郷《まえごう》。昭和45年（1970）撮影

稲刈《いねか》りが始まったばかりで、稲鳰《いなにお》の数はまだそれほどでもない。稲鳰《いなにお》は一本の杭《くい》に稲《いね》を少しずつずらして積み重ねる。田のなかにすでに杭《くい》を並《なら》べ立《た》ててある。この稲鳰《いなにお》がずらり並《なら》んだ光景は、豊作《ほうさく》を実感するとともに、太った兵士の大群《たいぐん》が立っているようにも見えた。稲鳰《いなにお》は東北本線の車窓《しゃそう》にみる秋の風物詩でもあった。秋田県由利本荘《ゆりほんじょう》市前郷《まえごう》。昭和45年（1970）撮影

農耕図《のうこうず》（20）部分図。現在《げんざい》わかっている農耕図《のうこうず》のうち、1600年代は2枚《まい》、1700年代は5枚《まい》だが、左の図も同年代なら6枚《まい》になる。1600年代の2枚《まい》は福井県《ふくいけん》と京都府、1700年代は青森県が1枚《まい》、秋田県が2枚《まい》、福岡県《ふくおかけん》が3枚《まい》である。1700年代のこの農耕図《のうこうず》の扱箸《こきばし》、唐竿《からさお》、土摺臼《どするす》と同じ構図《こうず》の図が、左の福岡県《ふくおかけん》の農耕図《のうこうず》にもある。粉本《ふんぽん》がもたらしたつながりである。

中央やや左よりの樹木《じゅもく》を境《さかい》として、その左は右頁《みぎページ》の竈《おがみ》神社の農耕図《のうこうず》と構図《こうず》は同じ、ただ絵は稚拙《ちせつ》である。右上は種蒔《たねま》き、その下の牛に犂《すき》を引かせて田起こしをするのは、被《かぶ》りものなどから女のようである。松の木のそばに苗《なえ》運び、その下は田植え、畦《あぜ》にいる親子は昼飯持ちである。苗《なえ》取りや振《ふ》り釣瓶《つるべ》による送水も描《えが》かれている。平成20年（2008）撮影

## 農耕図《のうこうず》（21）

福岡県《ふくおかけん》うきは市吉井町橘田《たちばなだ》
竈《かま》門《ど》神社

一二四×一九三

閑斎　彩画　（方印）

竈《かま》門《ど》神社の農耕図《のうこうず》には記銘《きめい》がないため、確《たし》かな奉納《ほうのう》年月はわかりません。福岡県史《ふくおかけんし》の近代史料編《きんだいしりょうへん》には、同じ拝殿《はいでん》に掲《かか》げられている騎馬図《きばず》の剥落《はくらく》の度合いが農耕図《のうこうず》と重なるとして、同図の記銘《きめい》の元文三年（一七三八）あたりまで、さかのぼれるのではないかとしています。

### 手本の書誌《しょし》

元文三年より五年前の享保《きょうほう》一八年（一七三三）、筑前《ちくぜん》（福岡県《ふくおかけん》）の人、貝原益軒《かいばらえきけん》は『女大學寶箱《おんなだいがくたからばこ》』を出版《しゅっぱん》しました。その巻頭《かんとう》に見開きで耕作図《こうさくず》が二画面あります。竈《かま》門《ど》神社の農耕図《のうこうず》は、その二画面をそのまま大絵馬《おおえま》の一面に割《わ》りつけたものとされます。

右の竈《おがみ》神社の農耕図《のうこうず》の奉納《ほうのう》は、『女大學寶箱《おんなだいがくたからばこ》』の出版《しゅっぱん》から半世紀以上もあとになりますが、扱箸《こきばし》、唐《から》竿《さお》、唐臼《からうす》の部分は、同書を写したものに間違《まちが》いないようです。大絵馬《おおえま》にはこうした手本の書誌《しょし》、すなわち粉本《ふんぽん》から写した絵が少なからず見られます。

安芸《あき》（広島県）出身で福岡藩《ふくおかはん》に仕えた宮崎安貞《みやざきやすさだ》は、元禄《げんろく》一〇年（一六九七）に『農業全書《のうぎょうぜんしょ》』一〇巻《かん》を著《あらわ》しました。その巻頭《かんとう》に見開きで五画面の農事図《のうじず》を掲《かか》げています。この図と貝原益軒《かいばらえきけん》の耕作図《こうさくず》の図柄《ずがら》は基本的《きほんてき》には同一とされます。二人とも同じ粉本《ふんぽん》によって描《えが》いているようですが、そのもとの粉本《ふんぽん》はわからないといいます。

農耕図《のうこうず》（21）部分図。左の手前の二人は女、向こう端《はし》に男。右は両端《りょうたん》の女の間に男。これは手本の書誌《しょし》でも龗《おがみ》神社の農耕図《のうこうず》でも同じである。右の向こう端《はし》、女が振《ふ》りあげているのは土地でいう鬼歯《おにば》で、槌《つち》の片面《かためん》に波状《はじょう》の溝《みぞ》が刻《きざ》まれている。籾《もみ》についている芒《のぎ》を落とすもので、波状《はじょう》の溝《みぞ》が鬼《おに》の歯を思わせることから名がついた。

## 唐竿《からさお》

莚《むしろ》の両側に三人ずつ、ひとりは槌《つち》（土地では鬼歯《おにば》という）を振《ふ》りあげていますが、あとの五人は、唐竿《からさお》を振《ふ》りおろして莚《むしろ》に延《の》べた稲穂《いなほ》を叩《たた》いています。

槌《つち》と唐竿《からさお》を使う六人は、脱穀《だっこく》と合わせて芒《のぎ》（籾殻《もみがら》についている針状《はりじょう》の突起《とっき》）を落としているもので、唐竿《からさお》の「唐」は、新たに伝わった農具であることを示《しめ》しています。古い文献《ぶんけん》には、中国から伝わったことを意味する「連枷《れんか》」と記されています。

唐竿《からさお》は柄《え》と打木、その二つの連結部から作られています。柄《え》を振《ふ》りあげておろす間に打木を回転させて勢《いきお》いをつけ、叩《たた》く力を強くします。

唐竿《からさお》の作りは地域《ちいき》によって異《こと》なります。柄《え》や打木の素材《そざい》が木か竹か、打木が単体か複数《ふくすう》か、連結部が紐《ひも》か木製《もくせい》かといった違《ちが》いです。打木と柄とどちらが長いかは地域によって異なり、龗《おがみ》神社の農耕図《のうこうず》の唐竿《からさお》は柄《え》より打木の方が長い作りです。同じような作りの唐竿《からさお》は、福岡県《ふくおかけん》飯塚市大分《だいぶ》の大分八幡宮《だいぶはちまんぐう》の農耕図《のうこうず》（未掲載《みけいさい》）にも見られます。関東地方の一部にもあったようです。

この図では右の三人のなかに男がいるだけで、あとは女である。唐竿《からさお》の打木を回転させる部分の作りは、青森県、福岡県《ふくおかけん》の農耕図《のうこうず》の唐竿《からさお》と同じである。『畫本通寳志《えほんつうほうし》』挿図

酒のつまみにする枝豆《えだまめ》は未成熟《みせいじゅく》の大豆。味噌《みそ》や黄粉《きなこ》、煮豆《にまめ》などを作る成熟《せいじゅく》した大豆は、農山村の大事な保存《ほぞん》食料だった。その大豆を唐竿《からさお》で豆殻《がら》から叩《たた》き出《だ》している。打木が腕木《うでぎ》につく作りで、軽い力で回転させることができる。群馬県片品村《ぐんまけんかたしな》花咲《はなさく》。昭和42年（1967）撮影

唐竿《からさお》で稗《ひえ》の脱穀《だっこく》をする。打木が棒状《ぼうじょう》ではなく、細木を簀《す》の子状《こじょう》に組んだ作りである。記録映画撮影《えいがさつえい》のための実演《じつえん》だったが、この家では30年保存《ほぞん》の稗《ひえ》もあった。穂《ほ》に白粉が噴《ふ》いていたが、十分、食べられるという。稗《ひえ》は保存《ほぞん》食料に適《てき》していた。宮崎県西米良村《みやざきけんにしめら》小川。昭和58年（1983）撮影《さつえい》

## 農具の地域名《ちいきめい》

言葉に方言があるように、農具にも総称《そうしょう》と地域名《ちいきめい》があります。唐竿《からさお》（連枷《れんか》）は、クルリ、フリボウ、パイ、ブリ、メグイボウ、クルマボウなどといいました。青森県の八戸《はちのへ》周辺ではバッタリでしたが、隣接《りんせつ》する岩手県では、水を利用した添水唐臼《そうずからうす》をバッタリといいました。

二種類がある唐臼《からうす》の、農耕図《のうこうず》に描《えが》かれている籾摺臼《もみすりうす》には、ドズルス、スルス、ドウス、トウスなどの名もありました。

農耕図《のうこう》（20）部分図。唐臼《からうす》で籾《もみ》摺《す》りをする。遣木《やりぎ》の横棒《よこぼう》に連なる五人の左右二人は女、間に男がいる。右の唐臼《からうす》のそばに立つ向こう側は乳房《ちぶさ》もあらわなお婆《ばあ》さん、手前の黒い着物の女と二人、遣木《やりぎ》の先端部《せんたんぶ》を握《にぎ》っている。構図《こうず》は『女大學寶箱《おんなだいがくたからばこ》』と同じだが、寶《たから》箱《ばこ》では上半身が裸《はだか》のお婆《ばあ》さんの位置に、上半身はだけた男が立っている。

米粒《こめつぶ》と籾殻《もみがら》が唐臼《からうす》から出る様子がよくわかる。籾殻《もみがら》と米粒《こめつぶ》は摺《す》られて分離《ぶんり》しているのだが、土摺臼《どするす》からは混《ま》じって一緒《いっしょ》に出る。それを右図のように箕《み》で米粒《こめつぶ》と籾殻《もみがら》をふるいわける。時代がさがるとこれは唐箕《とうみ》での作業になるが、この図が描《えが》かれたころ唐箕《とうみ》はすでにあったが、普及《ふきゅう》がまだ進んでいなかったためか、『畫本通寶志《えほんつうほうし》』にも『女大學寶箱《おんなだいがくたからばこ》』にも描《えが》かれていない。『畫本通寶志《えほんつうほうし》』挿図

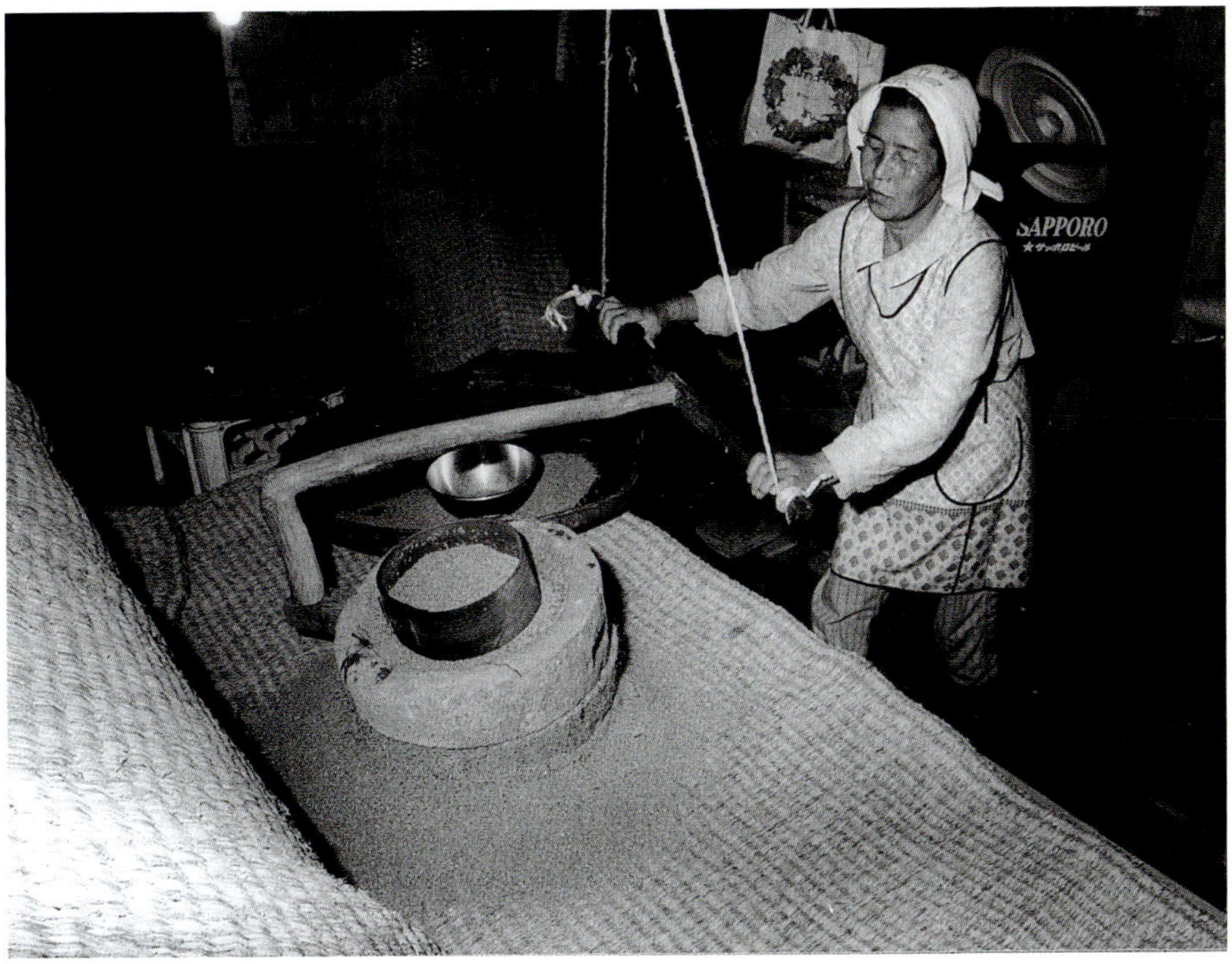

唐竿《からさお》で脱穀《だっこく》した稗《ひえ》を鉄鍋《てつなべ》で煎《い》ってから石臼《いしうす》でひき、殻《から》を取って稗粒《ひえつぶ》にする。石臼《いしうす》は簡単《かんたん》な棒《ぼう》で手まわしするが、この石臼《いしうす》は唐臼《からうす》と同じ遣木《やりぎ》をつけてまわしている。宮崎県《みやざきけん》西米良《にしめら》村小川。昭和58年（1983）撮影

## 唐臼《からうす》

穀物《こくもつ》の栽培《さいばい》に欠かせない脱穀《だっこく》には、二つの作業があります。稲作《いなさく》の場合、ひとつは稲穂《いなほ》から籾《もみ》（穀粒《こくりゅう》）を取《と》り離《はな》す作業、もうひとつは籾《もみ》についた殻《から》、籾殻《もみがら》を取るもので、この作業で玄米《げんまい》と呼《よ》ばれる米粒《こめつぶ》が生まれます。この米粒《こめつぶ》を食べるにはさらに精白《せいはく》しなければなりません。

籾摺《もみす》りは後者の籾殻《もみがら》を取り去る作業です。唐臼《からうす》には二種類ありますが、農耕図《のうこうず》に描《えが》かれている唐臼《からうす》の多くは籾摺《もみす》り用で、しかも土製《つちせい》（右頁《みぎぺーじ》）のものです。木製《もくせい》もあります（六五頁《ぺーじ》）。

本書でいう唐臼《からうす》は断《ことわ》りがないかぎり、土製《つちせい》の籾摺《もみす》り用です。桶胴《おけどう》か竹編胴《たけあみどう》に土を入れて固めた上臼《うえうす》と下臼《したうす》の間に、溝《みぞ》を刻《きざ》んだ摺歯《すりは》をはめたものです。下臼《したうす》は固定され、上臼《うえうす》を遣木《やりぎ》と呼《よ》ぶ棒《ぼう》を使ってまわし、籾殻《もみがら》を取り去ります。

摺歯《すりは》は堅木《かたぎ》で作りますが、使用によって摩耗《まもう》します。江戸《えど》時代には、それを取《と》り替《とり》える職人《しょくにん》が村にまわってきました。

郷倉《ごうぐら》といって、天災《てんさい》などに備《そな》え、各家が籾米《もみまい》を出し合って共有の倉に備蓄《びちく》した。西都市《さいとし》銀鏡《しろみ》では共有倉《きょうゆうぐら》ともいい、持っていく籾米《もみまい》の藁屑《わらくず》などを箕《み》でふるい分けている。宮崎県《みやざきけん》西都市《さいとし》銀鏡《しろみ》。昭和47年（1972）撮影

唐臼《からうす》は寛文《かんぶん》年間（1661 ～ 1673）に長崎《ながさき》にきた中国人に教えられたとされる。工夫と改良が加えられ、すでにあった木摺臼《きするす》に代わって使われるが、民具辞典には普及《ふきゅう》は明治以降《いこう》と記されている。しかし江戸《えど》時代の農耕図《のうこうず》の多くに描《えが》かれている。これには粉本《ふんぽん》の存在《そんざい》も考慮《こうりょ》しなければならないが、まだ唐臼《からうす》のなかった村の人々は、農耕図《のうこうず》によって新しい農具を知ることになったはずである。

## 籾摺図《もみすりず》（22）

岩手県矢巾《やはば》町藤沢
稲荷《いなり》神社　一八五二年
九八×一三六

奉掛
嘉永五壬子年九月二十八日
願主　藤澤村　佐々木榮助

### 人間摺臼《にんげんするす》

庭先に莚《むしろ》を敷《し》き、唐臼《からうす》で籾摺《もみす》りをしています。唐臼《からうす》の脇《わき》に立つ女の人は、左手で臼《うす》のなかの籾《もみ》を掻《か》き、右手で遣木《やりぎ》の先端部《せんたんぶ》を握《にぎ》り、回転を助けています。遣木《やりぎ》の横棒《よこぼう》に三人、中は男で両端《りょうたん》は女です。そばで米粒《こめつぶ》と籾殻《もみがら》を箕《み》で選別しています。和紙に精緻《せいち》に描《えが》かれ、着物の柄《がら》まで色分けされているという違《ちが》いはありますが、この唐臼《からうす》の光景は一二八頁《ページ》下の左図とまったく同じです。

九州以南の南西諸島《しょとう》の豊年祭《ほうねんさい》では、この土摺臼《どするす》が大活躍《だいかつやく》します。といって土摺臼《どするす》そのものが出るわけではありません。

ちょっと太目の女の人を唐臼《からうす》役にして、その左右に、唐臼《からうす》役から伸《の》びた紐《ひも》を引く役がつきます。左の役が紐《ひも》を引くと唐臼《からうす》役は左を向き、ついで右というように、唐臼《からうす》役は左右に体をねじり、あたかも唐臼《からうす》がまわりつづけているかのように見せます。

南西諸島《しょとう》の田遊《たあそ》びでは秋の実りを演《えん》じますが、人間唐臼《にんげんからうす》による籾摺《もみすり》りは、人々の豊作《ほうさく》を感謝《かんしゃ》する気持ちがよく表れています。

盆《ぼん》祭りと豊年祭《ほうねんさい》がひとつになった波照間《はてるま》島のムシャマーは、沖縄《おきなわ》の盆《ぼん》の旧暦《きゅうれき》7月14日に始まる。にぎやかな祭り行列のなかに、鎌《かま》、鍬《くわ》、篦《へら》などを持って踊《おど》る一団《いちだん》がいる。これは島を開拓《かいたく》した先人たちの農耕《のうこう》の苦労を再現《さいげん》したものだという。沖縄県竹富町《おきなわけんたけとみ》波照間《はてるま》。昭和49年（1974）撮影

旧暦《きゅうれき》8月15日が祭日の油井《ゆい》の豊年祭《ほうねんさい》には11の次第がある。そのなかの「稲摺《いねす》り」で、花笠《はながさ》を被《かぶ》った唐臼《からうす》役は、赤い紐《ひも》の引かれた方に体を向けて、あたかも臼《うす》がまわっているかのように踊《おど》る。前かがみの人は、バラと呼《よ》ぶふるいで米粒《こめつぶ》と藁屑《わらくず》を選別するさまを演《えん》じる。鹿児島県瀬戸内《かごしまけんせとうち》町油井《ゆい》。昭和57年（1982）撮影

農耕図《のうこうず》（12）部分図。打棚《うちだな》のまわりを板で囲い、脱穀《だっこく》した籾《もみ》が広く飛び散らないようにしてある。下の図では莚《むしろ》のようなものを高く吊《つ》りさげている。打ちつける二人の左の男は、褌《ふんどし》に前掛《まえか》け、右の男の上は洋服だろうか、下は着けていない。顔は外国人のようでもある。

農耕図《のうこうず》（7）部分図。大きな打棚《うちだな》のまわりに六人、飛んでくる籾《もみ》をさけるためか、あるいはほこりを吸《す》わないようにするためか、口を手拭《てぬぐ》いでふさいでいる人もいる。

農耕図《のうこうず》（20）部分図。扱箸《こきばし》で稲穂《いなほ》を扱《こ》く女二人。左の女は稲穂《いなほ》を手渡《てわた》す役らしい。出典不明だが、寛永《かんえい》17年（1640）の記録に、一日に扱箸《こきばし》で扱《こ》く上の女は5斗《と》、つぎは3斗《と》6 ～ 7升《しょう》、下は2斗《と》5升《しょう》とあるという。このころ桝《ます》の大きさは各地まちまち、のちの京桝《きょうます》（146頁《ぺーじ》）では、5斗《と》は一升桝《しょうます》（1・8リットル）で3斗《と》7升《しょう》5合、4斗《と》（1斗《と》は10升《しょう》）はいる米俵《こめだわら》の一俵《ぴょう》に近い量である。

現在《げんざい》の稲刈機《いねかりき》は、刈取《かりと》りと脱穀《だっこく》（稲穂《いなほ》から籾《もみ》を取る）を同時にやってくれます。稲作《いなさく》のすべてが人手によるころには、稲刈《いねか》りから脱穀《だっこく》を終えるまで数十日かかりました。明治四三年（一九一〇）に発明された足踏脱穀機《あしぶみだっこくき》（一一八頁《ぺーじ》）によって、脱穀《だっこく》作業はそれまでとはくらべられないほど、はかどるようになります。それまで使われていた脱穀《だっこく》の農具、打棚《うちだな》、扱箸《こきばし》、千歯扱《せんばこき》、唐竿《からさお》は農耕図《のうこうず》にも描《えが》かれています。

## 打棚《うちだな》と扱箸《こきばし》

打棚《うちだな》は溝《みぞ》を設《もう》けた長方形の台で、そこに稲穂《いなほ》を打ちつけて脱穀《だっこく》します。福岡県《ふくおかけん》うきは市の二枚《まい》の農耕図《のうこうず》に見られます（右頁《みぎぺーじ》）。同じ台を「麦打台《むぎうちだい》」、「麦打棚《むぎうちだな》」と呼《よ》んで麦の脱穀《だっこく》に広く使われていました。稲《いね》の脱穀《だっこく》にどれほど使われ、また稲用と麦用にどのようなつながりがあったのかということは今後の研究課題です。

扱箸《こきばし》は、長さ三〇～四〇センチメートルの二本の竹棒《たけぼう》の間に稲穂《いなほ》をはさんで手前に引き、脱穀《だっこく》します。いつごろから使われていたのかはわかりませんが、平安中期の随筆《ずいひつ》『枕草子《まくらのそうし》』にそれらしい記述《きじゅつ》があるので、そのころにはすでに使われていたのでしょう。

上の図では扱箸《こきばし》を石臼《いしうす》の穴《あな》に差しこんだり、木製《もくせい》の台に立てたりしているが、この図ではひとりが扱箸《こきばし》を手に持ち、もうひとりが稲穂《いなほ》をはさんで扱《こ》いでいる。『畫本通寶志《えほんつうほうし》』挿図

中央に松の木をおいて二分しているが、おおむね右から左へ稲作《いなさく》の作業順に描《えが》かれている。記銘《きめい》の「辰林鐘吉日《たつりんしょうきちじつ》」は、辰年《たつどし》6月吉日《きちじつ》である。慶應《けいおう》4年は3ヶ月後の9月7日で終わり、翌《よく》8日から明治となる。おそらく農耕図《のうこうず》としては江戸《えど》時代最後のものだろう。年月は異《こと》なるが、筆使いも構図《こうず》もよく似《に》た四季農耕図《しきのうこうず》が、姫路市《ひめじし》の春日野神社と早川神社にある。昭和62年（1987）撮影

**四季農耕図《しきのうこうず》（23）**

兵庫県神河町《かみかわ》中村
埋田《うめた》神社　一八六八年
九八×一八九

慶應四年　（奉納者一七名と奉納金額。世話人
辰林鐘吉日　六名連記）

**農耕図《のうこうず》（24）**　一三五頁《ページ》

兵庫県西宮市甑岩《こしきいわ》
越木岩《こしきいわ》神社　一八八六年
七〇×九七

奉納
明治十九年三月四日
角力中

**千歯扱《せんばこき》**　台木に鉄製《てつせい》（古くは竹か木）の歯を櫛《くし》状《じょう》に並《なら》べて固定した千歯扱《せんばこき》は、農具の名であるとともにその作業もいいます。一～二ミリメートルの歯と歯の隙間《すきま》に稲穂《いなほ》を差しこんで扱《こ》き、脱穀《だっこく》（籾《もみ》を稲穂《いなほ》から取《と》り離《はな》す）します。確証《かくしょう》はありませんが、元禄《げんろく》元年（一六八八）に和泉《いずみ》（大阪府《おおさかふ》）の大工が発明したと伝えられます。千歯扱《せんばこき》は脱穀《だっこく》の能率《のうりつ》をずっと高めました。

千歯扱《せんばこき》にはゴケゴロシ、ゴケダオシの別名がありました。それまでの扱箸《こきばし》による脱穀《だっこく》が女、それも後家《ごけ》（未亡人《みぼうじん》）の仕事だったのが、千歯扱《せんばこき》の出現《しゅつげん》で仕事がなくなったことからついたといわれます。でも上の四季農耕図《しきのうこうず》では女の人が千歯扱《せんばこき》をしています。

稲刈《いねか》り後の作業が描《えが》かれているが、注目したい図が二つある。ひとつは蔵《くら》のそばの稲架《はざ》で、蔵《くら》の屋根の高さに張《は》った細い電線のような上を、稲《いね》を肩《かた》に担《かつ》いで歩いている。もうひとつは右上の相撲《すもう》で、土俵《どひょう》のまわりを囲む見物人の何と多いことか。稲作《いなさく》と相撲《すもう》のつながりはいろいろな形で今に伝わっている。

四季農耕図《しきのうこうず》（9）部分図。この部分図については64頁《ページ》の写真説明でもふれた。おおらかな生活の一面を感じさせるが、江戸《えど》時代の年貢米《ねんぐまい》を納《おさ》めるまでに流す汗水《あせみず》を知ると、複雑《ふくざつ》な気持ちになる。たとえば納《おさ》める年貢米《ねんぐまい》の品質検査《ひんしつけんさ》は厳《きび》しく、一粒《つぶ》ずつ選ばなければならないほどだった。

四季農耕図《しきのうこうず》（23）部分図。千歯扱《せんばこき》で脱穀《だっこく》する女二人、ひとりは唐箕《とうみ》に座《すわ》っている。千歯扱《せんばこき》の出現《しゅつげん》で後家《ごけ》（未亡人《みぼうじん》）たちが扱箸《こきばし》の仕事を失い、千歯扱《せんばこき》を「後家倒《ごけだお》し」と呼《よ》ぶと書いているのは、元禄《げんろく》元年（1688）に出た井原西鶴《いはらさいかく》の『日本永代蔵《にほんえいたいぐら》』である。25年ほどあとの正徳《しょうとく》3年（1713）発行の『和漢三才圖會《わかんさんさいずえ》』にも、やはり「後家倒《ごけだお》し」とある。それが時代の流れとともに千歯扱《せんばこき》もまた後家《ごけ》の仕事になったところもあったのだろう。

歯の間に稲穂《いなほ》をはさんで手前に引き、籾《もみ》を取る千歯扱《せんばこき》。歯は鉄製《てつせい》だが、初期の千歯扱《せんばこき》には竹や木製《もくせい》の歯もあった。正徳《しょうとく》3年（1713）発行の『和漢三才圖會《わかんさんさいずえ》』に、近ごろ「鉄稲扱《てついなこき》」と名づけた鉄の歯も見られるとある。千歯扱《せんばこき》は足踏脱穀機《あしぶみだっこくき》（118頁《ぺーじ》）の普及《ふきゅう》で使われなくなったが、つぎの年の種籾《たねもみ》を取るのに使う農家もあった。千歯扱《せんばこき》だと種籾《たねもみ》にあまり傷《きず》がつかなかったからである。長野県阿智《あち》村駒場《こまば》。昭和12年（1937）ころ　撮影・熊谷元一

背《せ》の「與」「政」「清」は、この四季農耕図《しきのうこうず》を奉納《ほうのう》した三人の名前の一字である。三人を配して大勢《おおぜい》に見せる発想は面白いが、田植え以外の作業を三人だけでこなすのは、かなり大変だろう。平成20年（2008）撮影

## 四季農耕図《しきのうこうず》（25）

奈良県葛城市當麻町南今市《ならけんかつらぎしたいま》
磐城《いわき》小学校　一八九七年
八七×一八二

奉獻
維時明治参拾年九月八日
同施人　吉田與三良　土谷政吉　石井清吉

### 三人組

この四季農耕図《しきのうこうず》は、磐城《いわき》小学校の南東にある春日神社に奉納《ほうのう》されていました。大勢《おおぜい》の人が働いているように見えますが、田植え以外は、背《せ》に「與」「政」「清」の文字のある三人が、田起こしから蔵入《くらい》れまで順次行なっています。

四季農耕図《しきのうこうず》（25）部分図。右上に、赤い腰巻《こしまき》に菅笠《すげがさ》の四人の早乙女《さおとめ》による田植えが描《えが》かれている。一枚《いちまい》に稲作《いなさく》作業のすべてを描《えが》くという大絵馬《おおえま》の条件《じょうけん》はわかっていても、いかにも小さな田である。

四季農耕図《しきのうこうず》（25）部分図。三人で千歯扱《せんばこき》をする。この部分だけではなく、三人はいずれも力強く男らしい姿《すがた》で描《えが》かれている。千歯扱《せんばこき》では延《のべ》た莚《むしろ》に籾《もみ》を落とし、あとで箕《み》などに拾いあげるのが普通《ふつう》だが、三人は竹籠《たけかご》を前におき、そこに籾《もみ》がはいるようにしている。三人だけで作業をする工夫のひとつといえないこともない。

四季農耕図《しきのうこうず》（25）部分図。作業の順番は、屋根の下の二人がこなす唐臼《からうす》による籾摺《もみす》り、つぎは背《せ》に「政」の字の唐箕《とうみ》、その手前の万石通《まんごくとおし》、俵詰《たわらづ》め、縄掛《なわか》け、そして蔵入《くらい》れとなる。千石通《せんごくとおし》ともいわれる万石通《まんごくとおし》は、ここまでの農耕図《のうこうず》では初めて出た。名称《めいしょう》の千石、万石は特に意味があるわけではなく、販売効果《はんばいこうか》を狙《ねら》ったものではないかとされる。

四季農耕図《しきのうこうず》（25）部分図。万石通《まんごくとおし》（千石通《せんごくとおし》）は、唐箕《とうみ》で飛ばして残った小さなゴミを、斜《なな》めに固定した網《あみ》の上を滑落《かつらく》させて玄米《げんまい》と分離《ぶんり》する。

四季耕作図《しきこうさくず》（11）部分図。唐箕《とうみ》は、籾摺《もみす》りで玄米《げんまい》と一緒《いっしょ》に出た籾殻《もみがら》や混《ま》じっている大きなゴミを飛ばす。

農耕図《のうこうず》（7）部分図。唐箕《とうみ》は他に例のない大きさで、作りもまた変わっている。この農耕図《のうこうず》には記銘《きめい》が一切ないため、奉納《ほうのう》年月とともに絵師《えし》の名もわからない。全体図の軽妙《けいみょう》なタッチのなかにこめられた働く人々への温かな気持ち、それでいて描写《びょうしゃ》は決して不正確《ふせいかく》ではない。そこから推《お》してこの変わった唐箕《とうみ》も、実際《じっさい》に使用されていた唐箕《とうみ》と思われるのだが。

籾《もみ》通しにはいって唐箕《とうみ》をまわし、籾米《もみごめ》に混《ま》じっている藁《わら》ゴミなど飛ばしている。手前の地面に落ちているのが藁屑《わらくず》、選別された籾米《もみごめ》は把手《とって》をまわす女の人の足元に出ている。共有倉《きょうゆうぐら》とも呼《よ》んでいる郷倉《ごうぐら》に籾米《もみごめ》を納入《のうにゅう》するとき使った唐箕《とうみ》を、記録映画《きろくえいが》撮影のために再現《さいげん》した。宮崎県西都市《みやざきけんさいと》銀鏡《しろみ》。昭和47年（1972）撮影

## 唐箕《とうみ》

脱穀《だっこく》したばかりの米粒《こめつぶ》には、藁屑《わらくず》や脱穀《だっこく》されない殻《から》のままの籾《もみ》などが混《ま》じっています。その藁《わら》屑《くず》や籾《もみ》と米粒《こめつぶ》を風力で精選《せいせん》するのが唐箕《とうみ》です。風は円形の覆《おお》いのなかに仕込《しこ》まれた羽根を手でまわして起こします。

「唐」の文字が示《しめ》すように、唐箕《とうみ》も中国から伝わったとされます。貞享《じょうきょう》元年（一六八四）に、会津《あいづ》地方（福島県）で使われ始めていた記録があります。それから約一〇〇年後には各地にかなり普及《ふきゅう》し、唐箕《とうみ》のない農家への奉公《ほうこう》を嫌《いや》がる人が出るほどでした。普及《ふきゅう》の様子は、農耕図《のうこうず》の多くに描《えが》かれていることからも推測《すいそく》されます。

唐箕《とうみ》は仕組みや構造《こうぞう》などに地域的《ちいきてき》な特色がありますが、米の脱穀調製《だっこくちょうせい》でもっともよく使われた農具のひとつです。

稲作《いなさく》の四季が描《えが》かれているが、左上の土地丈量《とちじょうりょう》などは説明されないとわからない。地租改正《ちそかいせい》にともなう測量図《そくりょうず》は明治8年（1875）が古く（149頁《ページ》）、この農耕図《のうこうず》と同じ明治15年のものもあるが（未掲載《みけいさい》）、このころには地租改正《ちそかいせい》に起因《きいん》する一揆《いっき》を初めに、さまざまな問題が各地に多発していた。平成20年（2008）撮影

## 農耕図《のうこうず》（26）

福岡県飯塚市椿《ふくおかけんいいづかしつばき》
椿八幡宮《つばきはちまんぐう》　一八八二年
一四九×一九六

奉獻
明治十五年壬午三月下旬
椿村中　世話人青柳忠平
井手口和七

### 村の図

年代から見てあったはずの唐箕《とうみ》の図は、この農耕図《のうこうず》には描《えが》かれていません。珍《めずら》しいのは、左上に土地丈量《とちじょうりょう》が描《えが》かれていることです。地租改正《ちそかいせい》にともない、全国的に行なわれた田地の測量《そくりょう》で、稲作《いなさく》の四季を描《えが》いた図に見るのは、この農耕図《のうこうず》以外にはないかもしれません。

土地丈量《とちじょうりょう》の右上の田のなかに、数本の樹木《じゅもく》が残っています。そこは以前モリと呼《よ》ばれた、御神幸《ごしんこう》の場所だったそうです。さらにその右の社は椿八幡宮《つばきはちまんぐう》で、鳥居《とりい》の前にいるのは、日の出を拝《おが》む人たちのようです。この神社とモリが描《えが》かれていることから、土地の人々はこの農耕図《のうこうず》の風景は椿《つばき》村と確信《かくしん》し、親近感を持っていました。

左下には脱穀調製《だっこくちょうせい》から蔵入《くらい》れまでが描《えが》かれていますが、唐箕《とうみ》だけではなく、他の農具による精選《せいせん》作業も見あたりません。

農耕図《のうこうず》（26）部分図。千歯扱《せんばこき》、唐竿《からさお》、籾摺《もみす》り、俵詰《たわらづ》め、蔵入《くらい》れが描《えが》かれている。唐箕《とうみ》、万石通《まんごくとおし》などの藁屑《わらくず》などを飛ばす作業がないのは、明治維新《めいじいしん》後に納入期《のうにゅうき》の厳《きび》しかった年貢米《ねんぐまい》がなくなったために、急いで藁屑《わらくず》などを飛ばす必要がなくなり、とりあえず藁屑《わらくず》も一緒《いっしょ》の玄米《げんまい》を俵詰《たわらづ》めにするようにしたためだろうか。描《えが》き落としということも考えられる。

## 米俵《こめだわら》

脱穀《だっこく》して精選《せいせん》した玄米《げんまい》を入れる、藁製《わらせい》の袋《ふくろ》を米俵《こめだわら》といいます。運搬《うんぱん》や貯蔵《ちょぞう》にも用いたので、その作りは江戸《えど》時代から厳《きび》しく、年貢米《ねんぐまい》として収《おさ》めた俵《たわら》が蔵《くら》で崩《くず》れたりすると、藩《はん》によっては過料《かりょう》（過失《かしつ》の罪《つみ》に対する金銭《きんせん》）を徴収《ちょうしゅう》しました。それも崩《くず》れた俵《たわら》だけではなく、たとえ崩《くず》れていなくても、同じ村から同日に収《おさ》めた俵《たわら》の数だけ徴収《ちょうしゅう》しました。過料《かりょう》はなくなったものの、米俵《こめだわら》の厳《きび》しい規格《きかく》は昭和三六年（一九六一）までつづきました。

農耕図《のうこうず》（26）部分図。右下の手前の男は、枡《ます》に入れたげんまいを斗掻《とか》きでならしている。向かいの男の右にある丸い棒《ぼう》が斗掻《とか》き。江戸《えど》時代の年貢米《ねんぐまい》では、斗掻《とか》きでならさない、山盛《やまも》りのまま俵《たわら》に入れさせる藩《はん》もあった。また枡《ます》を揺《ゆ》すりながら入れると玄米《げんまい》はたくさんはいる。

右図のしゃがんだ右の男は1升枡《しょうます》で玄米《げんまい》を量り、1斗桶《とおけ》に入れている。1俵《びょう》はその1斗桶《とおけ》で4桶《おけ》、すなわち4斗《と》はいる。だが江戸《えど》時代にどの藩《はん》も1俵《びょう》は4斗《と》というわけではなかった。1俵《びょう》に3斗《と》5升《しょう》の藩《はん》もあれば5斗《と》の藩《はん》もあった。そこに口米《くちまい》、欠米《かけまい》などという名目の付加税《ふかぜい》がついたから、実際《じっさい》はこれ以上になったが、公にはあくまで3斗《と》5升《しょう》であり5斗《と》だった。『畫本通寶志《えほんつうほうし》』挿図

農業協同組合指定の集積所《しゅうせきじょ》に運ばれた供出米《きょうしゅつまい》。手続きのあと収納所《しゅうのうじょ》に入れて検査《けんさ》を受ける。秋田県では明治43年（1910）に米俵《こめだわら》に対する基準《きじゅん》が制定《せいてい》された。乾燥《かんそう》させた古藁《ふるわら》で編《あ》む俵《たわら》の重量、編み方《かた》、長さ、桟俵《さんだわら》（両側の蓋《ふた》）の径と重量など。写真に見る俵《たわら》に掛《か》けた五本の二重まわしの横縄《よこなわ》も基準《きじゅん》になっていた。秋田県美郷《みさと》町仙南《せんなん》。昭和33年（1958）　撮影・佐藤久太郎

収納所《しゅうのうじょ》に入れた供出米《きょうしゅつまい》。検査《けんさ》をする俵《たわら》は一個《こ》ずつ下においてある。竹製《たけせい》の米刺《さ》しという検査具《けんさ》を俵《たわら》に刺《さ》しこんで見本の米を抜《ぬ》き、粒《つぶ》ぞろい、米の質《しつ》、水分など数項目《すうこうもく》にわたって調べ、一等米から五等米まで分けた。秋田県美郷《みさと》町仙南《せんなん》。昭和33年（1958）　撮影・佐藤久太郎

## 供出米《きょうしゅつまい》

政府《せいふ》が決定した条件《じょうけん》にしたがい、農家が政府《せいふ》に売《う》り渡《わた》す米を供出米《きょうしゅつまい》といいます。供出米《きょうしゅつまい》は昭和一四年（一九三九）に、戦争に備《そな》えた米穀配給統制《べいこくはいきゅうとうせい》にともなって始まり、戦後は食糧管《しょくりょうかん》理法《りほう》に引継《ひきつ》がれました。同法は現在《げんざい》はなくなりました。

供出米《きょうしゅつまい》は年貢米《ねんぐまい》の制度《せいど》とは異《こと》なりますが、米俵《こめだわら》の厳《きび》しい規格《きかく》や米の検査《けんさ》など、両者にはよく似《に》た点がありました。

共有倉《きょうゆうぐら》（郷倉《ごうぐら》）に納入《のうにゅう》する籾米《もみごめ》を枡《ます》で量っている。右は一升枡《しょうます》で、うしろの叺《かます》に10枡《ます》入れて1斗《と》を共有倉《きょうゆうぐら》に運ぶ。左は共有倉《きょうゆうぐら》での作業で、各家から運ばれてきた籾米《もみごめ》を1斗枡《とます》で量って確認《かくにん》し、貯蔵用《ちょぞうよう》の箱に納《おさ》める。枡《ます》の歴史は度量衡混乱《どりょうこうこんらん》の歴史でもあった。たとえば平安時代には、同じ一升《しょう》でも売る時は小枡《こます》、買入れには大枡《おおます》で量るというありさまだった。江戸幕府《えどばくふ》は混乱《こんらん》をさけるため、豊臣《とよとみ》秀吉《ひでよし》が基準枡《きじゅんます》とした、京都の商人が用いていた京枡《きょうます》と呼《よ》ぶ十合枡《ます》（一升枡《しょうます》）を全国に普及《ふきゅう》させた。京枡《きょうます》は方《ほう》4寸《すん》9分（約15センチメートル）、深さ2寸《すん》7分の木製《もくせい》の枡《ます》である。この京枡《きょうます》は明治政府《せいふ》も引《ひ》き継《つ》いだ。写真の一升枡《しょうます》もその京枡《きょうます》である。1斗枡《とます》には口縁《くちべり》と胴《どう》が銅板《どうばん》で補強《ほきょう》されているが、これも決まりだった。口縁《くちべり》は斗搔《とか》きによる摩耗《まもう》で量計が変わるのを防《ふせ》ぐためである。宮崎県西都《みやざきけんさいと》市銀鏡《しろみ》。昭和47年（1972）撮影

第五章

# 新時代の改革

地租改正実測図《ちそかいせいじっそくず》（27）部分。明治新政府《しんせいふ》は年貢米《ねんぐまい》に替《か》わる租税《そぜい》として、田地の面積に課税《かぜい》することにした。そのためには田地の正確《せいかく》な面積を測量《そくりょう》しなければならない。その様子を描《えが》いた図としては、現在《げんざい》わかっているなかで年代のもっとも古いものである。山形県にはこのような測量図《そくりょうず》が4枚《まい》ある。

## 夜明け後

明治維新《めいじいしん》前の日本列島には六〇余《よ》の国があって、そこに二六〇前後の藩《はん》がありました。藩《はん》の一番上の人を藩主《はんしゅ》、領主《りょうしゅ》、城主《じょうしゅ》、また殿様《とのさま》などといいました。藩《はん》には領域《りょういき》の規模《きぼ》や城《しろ》のあるなしなど格式《かくしき》は一様ではありませんでしたが、藩主《はんしゅ》が藩《はん》内を支配《しはい》し、たとえば農民に年貢米《ねんぐまい》をいつまでに、どれだけの量をどのように納《おさ》めさせるかなど、それぞれの藩《はん》で決めていました。

明治維新《めいじいしん》後は、そうしたそれぞれの国（藩《はん》）ごとの決まりはなくなり、現在《げんざい》と同じひとつの政府《せいふ》が日本列島全体を治めることになりました。維新《いしん》後の新政府《しんせいふ》はさまざま改革《かいかく》を打ち出しますが、農家にとって最大の改革《かいかく》は石代納《こくだいのう》、すなわち米で納入《のうにゅう》していた租税《そぜい》が金納《きんのう》になったことです。

このことで山形県の庄内《しょうない》地方ではワッパ騒動《そうどう》が起きます。明治初期の庄内《しょうない》地方は酒田県でしたが、その県の役人は石代納《こくだいのう》を農家の人に伝えず、江戸《えど》時代からの一俵《ぴょう》四斗《と》八升《しょう》の貢租をつづけさせ、金納《きんのう》との差額《さがく》を誤魔化《ごまか》していたのです。

ワッパ騒動《そうどう》のワッパとは、飯《めし》が五合ほどはいる曲物《まげもの》の弁当箱《べんとうばこ》（檜《ひのき》板《いた》で作る）のことです。不正に徴収《ちょうしゅう》された税金《ぜいきん》が全額《ぜんがく》返された場合、ひとりあたりの受取金はワッパいっぱいになる、ということからついた呼称《こしょう》でした。結末はごくわずかな返金、それも寄付《きふ》をするように県から強要されます。

## 地租改正《ちそかいせい》

新政府《しんせいふ》はそれまでの年貢米《ねんぐまい》ではなく金納《きんのう》にしましたが、それをまず農地（土地）から徴収《ちょうしゅう》することにしました。その前提《ぜんてい》として藩主《はんしゅ》のものだった土地を農民のもの、すなわち私有《しゆう》を許《ゆる》し、禁《きん》じていた土地の永代売買《えいだいばいばい》の禁《きん》も解《と》きました。その代わりに私有《しゆう》となった土地、田畑に課税《かぜい》して現金《げんきん》で納税《のうぜい》させることにしたのです。それが地租改正《ちそかいせい》で、その骨子《こっし》のひとつに、〈地価《ちか》を定め一〇〇分の三を地租《ちそ》として徴収《ちょうしゅう》〉とあります。これがまた後に各地で多発する地租改正《ちそかいせい》反対一揆《はんたいいっき》の原因《げんいん》になります。

地租改正法《ちそかいせいほう》は明治六年（一八七三）七月二八日に公布《こうふ》されます。それには土地を正確《せいかく》に測《はか》らなければなりません。ところが土地の測量《そくりょう》はなかなか進みません。測量《そくりょう》は村人の義務《ぎむ》とされていましたが、測量《そくりょう》 技術《ぎじゅつ》などまったくない村人に、それは無理な話でした。そこで新政府《しんせいふ》は明治八年（一八七五）八月三〇日に来年中に終わらせるように通達を出しました。早くやれと命令したのです。大絵馬《おおえま》の地租改正測量図《ちそかいせいそくりょうず》（一四七～一五三頁《ぺーじ》）の数は多くありませんが、奉納《ほうのう》はどれもその後です。

地租改正《ちそかいせい》は全国におよぶものですが、東日本、特に東北地方で顕著《けんちょ》だったのは、湿田《しつでん》を乾田《かんでん》にすることに取組んだことです。

## 乾田馬耕《かんでん》

湿田《しつでん》は一年を通して水がはいったままの、さながら沼地《ぬまち》のような水田です。東北地方の水田は、ほとんどといってよいくらいこの湿田《しつでん》でした。湿田《しつでん》は人力で田起こしをするのは楽ですが、それ以外に稲《いね》の成育によい条件《じょうけん》は何もなく、米の収量《しゅうりょう》も極めて少ないものでした。

地租改正《ちそかいせい》 測量《そくりょう》のあと、東北地方の人々はこの湿田《しつでん》を乾田《かんでん》にするため、農法の進んでいた福岡県《ふくおかけん》や熊本県《くまもとけん》から教師《きょうし》を招《まね》き、指導《しどう》を受けました。乾田《かんでん》には馬に犂《すき》を引かせて田起こしをする、馬耕が必要です。大絵馬《おおえま》の馬耕図（一五四～一六一頁《ぺーじ》）は、その馬耕によってさらなる豊作《ほうさく》を神仏《しんぶつ》に願うとともに、難《むず》しい馬耕を習得した記念という一面もあるようです。

庄内《しょうない》平野の水田を乾田《かんでん》にするのに努力した、土田多十郎翁をたたえる乾田記念碑《かんでんきねんひ》。山形県酒田市生石矢流川《おいしやだれがわ》。平成20年（2008）撮影

蓑笠姿《みのかさすがた》の8人が先端《せんたん》に御幣《ごへい》をつけた竹竿《たけざお》を立てて畦《あぜ》に立ち、中央の者が目盛《めも》りのついた縄《なわ》を十字に張っている。田のなかの二人が測量《そくりょう》人で、左の者は十字形の測量《そくりょう》具、右の者は6尺1分の間竿《けんざお》（この長さは江戸《えど》時代と同じ）を手にしている。左の床几《しょうぎ》に座《すわ》る二人は測量《そくりょう》の結果を地引帳に記入する検査《けんさ》人である。三浦春澄はこの大絵馬《おおえま》を掲《かか》げる皇大神社《こうだいじんじゃ》の神主だった。平成20年（2008）撮影

## 地租改正実測図《ちそかいせいじっそくず》（27）

山形県庄内町福島
皇大神社《こうだい》　一八七五年
六一×九〇・五

奉献
明治八年秋九月地租
御改正ニ就實地丈量圖
福嶋村
検査人
長堀彌平治
三浦春澄
鳳仙　落款（国井直紀）

### 土地の測定《そくてい》

地租改正法《ちそかいせいほう》が布告《ふこく》されるのは、明治六年（一八七三）七月二八日、しかし改正にともなう作業はどこでもなかなか進みませんでした。庄内《しょうない》地方の村が軌道《きどう》に乗るのは、明治八年（一八七五）三月二四日に、地租《ちそ》改正事務局《かいせいじむきょく》が設置《せっち》されたあとです。同事務局《どうじむきょく》の総裁《そうさい》は大久保利通《おおくぼとしみち》で三年後に暗殺されますが、それにはこの地租改正《ちそかいせい》のからみもあったようです。

明治八年八月三〇日、庄内《しょうない》地方を治める酒田県令は地租改正《ちそかいせい》についての通達を出します。ところがその翌日《よくじつ》に酒田県は廃《はい》されて鶴岡《つるおか》県（翌年《よくねん》八月二一日に山形県に合併《がっぺい》）になり、庄内《しょうない》地方の地租《ちそ》改正《かいせい》は鶴岡《つるおか》県の下で実地されます。

地租改正《ちそかいせい》にともなう土地の測定《そくてい》を「地押丈量《じおしじょうりょう》」といい、鶴岡《つるおか》県はそのための「人民心得書」を明治八年一〇月に配布《はいふ》しますが、上図はその一ヶ月前に奉納《ほうのう》されています。

地租《ちそ》改正にともなう測量《そくりょう》は村人の義務《ぎむ》とされた。そのため男女を問わず村人みんなが出て作業をしなければならなかった。洋服姿《すがた》の人もいるが、ほとんどの人は野良着姿《すがた》で、旗のついた測量用《そくりょうよう》の長い棒《ぼう》を持っている。新政府《しんせいふ》の説明では、田地を正確《せいかく》に測量《そくりょう》することで、地租《ちそ》は江戸《えど》時代よりさがるということだった。それに期待して測量《そくりょう》に励《はげ》んだ人もいたはずである。平成20年（2008）撮影

## 地租《ちそ》改正《かいせい》測量図《そくりょうず》（28）

山形県酒田市吉田伊勢塚
八幡《はちまん》神社　一八八〇年
一二三×一九五
明治拾三季辰秋日
近泉貞周畫　落款

### 姓名《せいめい》を記す

山形県に四枚《まい》ある地租改正《ちそかいせい》測量図《そくりょうず》は、前頁《ぜんぺーじ》の明治八年（一八七五）のあと、九年（庄内町立川）、一〇年（三川町青山）とつづき、四年飛んでこの酒田市の図になります。この四年の間には、地租改正《ちそかいせい》にかかわる農民騒動《そうどう》や一揆《いっき》が各地に起きています。

酒田市の図には、測量《そくりょう》に加わるすべての人の姓名《せいめい》が記されています。同市吉田には、その子孫が今も住んでいるということです。姓名《せいめい》を記したのは、測量《そくりょう》をしていて、農民騒動《そうどう》などには加わっていなかったという証《あかし》にしたのかと思いましたが、このころ庄内《しょうない》地方にそうした騒動《そうどう》はなかったようです。

それからすると、江戸《えど》時代には公には記すことが許《ゆる》されていなかった姓《せい》が、明治維新《いしん》後には何らとがめがなくなった、その喜びを表しているのかもしれません。

この測量図《そくりょうず》には明治一五年（一八八二）奉納《ほうのう》（栃木県佐野市《とちぎけんさのし》）の図もあります。地租《ちそ》改正《かいせい》事業は、前年六月三〇日の地租改正事務《ちそかいせいじむ》局《きょく》の廃止《はいし》で完了《かんりょう》していますので、その図はいわば記念図ということになるのでしょう。

地租改正測量図《ちそかいせいそくりょうず》（28）部分図。測量《そくりょう》はまず一筆ごとに、反別、番号、持ち主の名を記した畝杭《うねくい》を立てるというものだった。しかしその技術《ぎじゅつ》や知識《ちしき》を持った村人はまずいなかった。そのためにほとんどの村では、県に技術者《ぎじゅつしゃ》の養成と指導者《しどうしゃ》の派遣《はけん》を要請《ようせい》した。

地租改正測量図《ちそかいせいそくりょうず》（28）部分図。村からの要請《ようせい》に対して、県はまず技術講習《ぎじゅつこうしゅう》を行なった。洋服姿《すがた》はあるいはその講習《こうしゅう》を受けた村人かもしれない。また給料は村の負担《ふたん》だったが、村によって雇人《やといにん》の技術者《ぎじゅつしゃ》を配置、その雇人《やといにん》を中心にして作業を行なった。測量《そくりょう》の結果は江戸《えど》時代より地租《ちそ》のあがった村が多かった。

年代を明かさずに見せたら、近年と思ってしまう人もいるかもしれない。中折帽《なかおれぼう》、コート、チョッキ、皮靴《かわぐつ》など、新政府《しんせいふ》の地租《ちそ》改正を、明治の開化がもたらした新しいものとして、それに見合う服装《ふくそう》で地租《ちそ》改正の丈量《じょうりょう》に臨《のぞ》んだということなのだろうか。しかしこの大絵馬《おおえま》が奉納《ほうのう》された年には、和歌山県の地租《ちそ》改正反対一揆《いっき》を初め、各地で同様の一揆《いっき》が起きている。平成20年（2008）撮影

## 田口組丈量之図《たぐちぐみじょうりょうのず》（29）

福島県伊達市梁川町字上町《だてしやながわ》
天神社《てんじんしゃ》　一八七六年
　六一×一二三〇

田口組丈量之圖
　蘿蔔生謹寫
明治九子七月二十五日
願主　田口留兵衛ら一一名連記
　（この願主のなかの金子蘿蔔が描いた）

### 洋服の田口組

東根郷《ひがしねごう》と呼《よ》ばれた、福島県北部の旧梁川町《きゅうやながわ》周辺の主産業は農業と養蚕《ようさん》でした。特に養蚕《ようさん》になくてはならない養種（孵化《ふか》して蚕《かいこ》となる）の製造《せいぞう》が盛《さか》んで、田口留兵衛が製造《せいぞう》する「あぶり蚕《こ》」と呼《よ》ぶ蚕種《さんしゅ》はよく知られていました。

地租《ちそ》改正《かいせい》にともなう地積丈量《ちせきじょうりょう》のことを知ると、この養種家の田口留兵衛は、田口組を結成して旧梁川《きゅうやながわ》町周辺の土地測量《とちそくりょう》を行ない、その記念としてこの大絵馬《おおえま》を天神社《てんじんしゃ》に奉納《ほうのう》しました。他の地租《ちそ》改正測量図《かいせいそくりょうず》にも洋服姿《すがた》は見られますが、全員が洋服姿《すがた》で、しかもなかなかしゃれた着こなしをしているのは、この年代のすべての大絵馬《おおえま》にもない、珍《めずら》しい一枚《いちまい》といってもよいようです。

背後《はいご》に描《えが》かれている山は、伊達郡桑折《だてぐんこおり》町にある半田山（標高八六三メートル）で、半田銀山とも呼《よ》ばれました。大同《だいどう》年間（八〇六〜八〇九）から採掘《さいくつ》が行なわれ、最盛期《さいせいき》の寛文《かんぶん》年間（一六六一〜一六七二）には銀山奉行《ぎんざんぶぎょう》がおかれ、一万人ほどの人が働いていたといわれます。

秋田県の地租《ちそ》改正《かいせい》地面《じめん》測量《そくりょう》取之図《とりのず》。測量《そくりょう》の結果、県から示《しめ》された地租《ちそ》に地主たちが抗議《こうぎ》。地主たちは一堂に集められて強引に説得され、県案を飲むしかなかった。江戸《えど》時代の1・37倍という大増税《だいぞうぜい》、しかも金納《きんのう》である。秋田県教育庁義務《きょういくちょうぎむ》教育課編《へん》『ふるさと秋田の学び』より

田口組丈量之図《じょうりょうのず》（29）部分図。現在《げんざい》の記念写真のように寄《よ》りそった図。円形の台にのせた測量機《そくりょうき》（上の図と同じ測量機《そくりょうき》だが、剥落《はくらく》している）を覗《のぞ》く人、五つ珠《たま》の算盤《そろばん》をはじく人がいる。算盤《そろばん》で地籍図《ちせきず》の縮尺《しゅくしゃく》の計算をしているのだろうか。背後《はいご》に赤線のはいった標旗《ひょうき》が立ててある。

## 馬耕講習図《こうしゅうず》（30）

青森県七戸《しちのへ》町荒屋平《あらやたい》
荒屋平《あらやたい》神社　一八八三年
七四五×一四七〇

奉納
（方印）明治十六年八月吉日
熊本縣馬耕教師住本久五郎　敬白
國のため世のためなりと馬耕して
民のかまとのにぎはひにけり

この馬耕図は、七戸南部藩《しちのへなんぶはん》の御給人《ごきゅうにん》（知行地を与《あた》えられた士族）だった工藤《くどう》家にあった。嘉永《かえい》2年（1849）にその家に生まれた工藤轍郎《くどうてつろう》は、明治維新後《めいじいしんご》の混乱《こんらん》に巻《ま》きこまれながらも、父の隆大《りゅうだい》とともに七戸地方の産業の育成と不毛の地の開墾《かいこん》に全力を注いだ。七戸《しちのへ》地方を含《ふく》む上北郡一帯は古くから有数の馬産地であったが、馬を田起こしなどに使うことはほとんどなかった。湿田《しつでん》の多かったこと、農家に馬を入手するだけの経済力《けいざいりょく》のなかったことなどが理由のようである。工藤轍郎《くどうてつろう》は馬耕の威力《いりょく》は開墾《かいこん》にも役立つと考え、明治14年（1881）に自ら開墾《かいこん》して開設《かいせつ》した七戸村の萩ノ沢《はぎのさわ》耕牧場に二人の馬耕教師《きょうし》を招《まね》き、馬耕伝習所を開いた。ひとりは西洋型馬耕教師《きょうし》の三浦源内（新潟県《にいがたけん》出身とされる）、もうひとりは大絵馬《おおえま》の右の人、熊本県《くまもとけん》の住本久五郎である。工藤轍郎《くどうてつろう》は萩ノ沢《はぎのさわ》移住民《いじゅうみん》の、特に青年層《せいねんそう》に馬耕技術《ぎじゅつ》を習得させた。その成果は、明治17年（1884）に始めた荒屋平開墾《あらやたいかいこん》で発揮《はっき》された（166頁《ページ》）。平成20年（2008）撮影

山形県は明治25年（1892）に農事改良組合規則《のうじかいりょうくみあいきそく》、4年後の明治29年（1896）に農会規則《のうかいきそく》を公布《こうふ》、それによって各地に農事改良を実行する組織《そしき》が作られた。この馬耕図も旧新堀村《きゅうにいぼり》（現酒田市《げんさかたし》）に農会のできたことを記念して奉納《ほうのう》された。隣接《りんせつ》する旧余目村《きゅうあまるめ》農会では、農会の10年間の協議事項《きょうぎじこう》の第一に「牛馬耕普及ノ件《ぎゅうばこうふきゅうのけん》」をあげているが、おそらく旧新堀村《きゅうにいぼり》でも同じで、それが馬耕図になったと思われる。犂《すき》と馬をつなぐ綱《つな》の結び方、手綱《たづな》の持ち方など正確《せいかく》で、描《えが》いたのは実際《じっさい》に馬耕を行なっている村人だろう。農夫は洋服姿《すがた》で顔も西洋人のようだが、これは新しいものへの挑戦《ちょうせん》を象徴的《しょうちょうてき》に表したものである。平成20年（2008）撮影

## 馬耕図（31）

山形県酒田市板戸
住吉神社　一八九七年
六六・五×一一一・五

奉納
（奉納意図）
明治卅年旧六月十五日認
村農會議員・仲條興右衛門　支部々長・菅原吉右衛門　副部長・仲條鉄治　幹事・進藤惣右衛門　幹事・熊谷文治郎　発起人・三浦行藏、鈴木元治　竹眼　方印

### 湿田《しつでん》から乾田《かんでん》へ

東北地方全域《ぜんいき》にいえることですが、江戸《えど》時代からの庄内《しょうない》地方の水田もまた、いつも水がたまってぬかるんでいる湿田《しつでん》でした。土が柔《やわ》らかいので人力での田起こしは楽でしたが、草取りや稲刈《いねか》りが大変でした。また酸素《さんそ》不足や肥料《ひりょう》の浸透《しんとう》が遅《おそ》くなって根の発育をわるくしました。病虫害を防《ふせ》ぐために植える苗《なえ》は坪《つぼ》（約三・三平方メートル）二〇数株《かぶ》と少なく、一反（約一〇アール）あたりの収量《しゅうりょう》は三俵《びょう》（現在《げんざい》は平均《へいきん》一〇俵《びょう》）に満たないわずかなものでした。湿田《しつでん》でそれ以上の生産をあげるのは難《むずか》しく、天候不順がつづくとすぐ凶作《きょうさく》、飢饉《ききん》となりました。

馬耕はそうした湿田《しつでん》を、稲刈《いねか》りのあとに水を落とす乾田《かんでん》とするためにとにかく習得しなければならないものでした。

馬に犂を引かせて田を起こす。手綱《たづな》を引いて馬を転換《てんかん》させるのは、学生帽《がくせいぼう》を被《かぶ》って馬に乗る高校生である。こうした馬耕は昭和30年代前半あたりまで各地に見られたが、昭和40年代になるとなかなか見られなくなった。岩手県平泉《ひらいずみ》町。昭和42年（1967）撮影

この馬耕図のある鶴岡市熊出《つるおかしくまいで》は、旅人には内陸部のように見える。でも山形県でいう内陸部は最上、村山、置賜《おきたま》地方になる。明治時代末ころ、日本海側の庄内《しょうない》地方の水田の馬耕と乾田《かんでん》の普及《ふきゅう》は8割《わり》になっていたが、最上でわずか0・5割《わり》、村山、置賜《おきたま》で1割《わり》、乾田《かんでん》は多くて3割《わり》だった。一枚《いちまい》の田が小さいうえに水利のわるかったことなどが普及《ふきゅう》を遅《おく》らせていた。平成20年（2008）撮影

## 馬耕図（32）

山形県鶴岡《つるおか》市熊出《くまいで》
熊岡《くまおか》神社　一九〇九年
六一×六三・五

奉納
明治四十二年六月十五日
菅原氏

### 山形県の馬耕

山形県の馬耕とそれにともなう乾田《かんでん》への動きは、明治一〇年代にも多少ありましたが、明治二三年（一八九〇）に県内で初めて福岡県《ふくおかけん》から二人の馬耕講師《こうし》を招《まね》いたのは、西田川郡勧農会《かんのうかい》でした。

二人は当時「寒水浸し法《かんすいひたしほう》」で名声の高かった林遠里《はやしおんり》の教えを受けていましたが、よい結果は得られず、〈気候風土が異《こと》なるのに、福岡県《ふくおかけん》での農法をそのまま移《うつ》した〉として、西田川郡勧農会《かんのうかい》は二人を解雇《かいこ》します。これは乾田《かんでん》の作業にも影響《えいきょう》し、西田川郡の水田のほとんどが乾田化《かんでんか》されるのは明治三六年（一九〇三）ごろでした。

飽海郡《あくみぐん》（庄内《しょうない》地方）では、明治二四年（一八九一）に福岡県《ふくおかけん》農業試験場勤務《きんむ》の伊佐治八郎《いさじはちろう》を飽海郡《あくみぐん》稲作《いなさく》改良実業教師《かいりょうじつぎょうきょうし》として招《まね》き、郡内五ケ所に模範田《もはん》を設《もう》け、稲作《いなさく》改良、雁爪除草《がんづめじょそう》、堆肥製造法《たいひせいぞうほう》、乾田《かんでん》改良、馬耕法の実施指導《じっししどう》をしてもらいます。伊佐治八郎《いさじはちろう》は模範《もはん》田の秋の結果がひと目でわかるように工夫しました。初めは無関心だった農家の人も、模範《もはん》田の好成績《こうせいせき》を目のあたりにして、翌年《よくねん》から馬耕と乾田《かんでん》を試みる農家が急増《きゅうぞう》します。

伊佐治八郎《いさじはちろう》は明治二九年（一八九六）一二月に飽海郡《あくみぐん》の任《にん》を解《と》かれますが、すぐ本間家《ほんまけ》に請《こ》われ、明治三五年（一九〇二）五月まで稲作《いなさく》改良の指導《しどう》にあたりました。

馬耕図（32）部分図。馬耕をする青年の顔は自信に満ちている。ただ野良着については疑問《ぎもん》がないわけではない。馬耕をするころの鶴岡市《つるおかし》周辺はまだ寒く、馬を操《あやつ》る力仕事といっても、薄《うす》い下衣に裸足《はだし》では長つづきしない。使っている犂《すき》は、馬耕教師《きょうし》の伊佐治八郎《いさじはちろう》が故郷《こきょう》の福岡県《ふくおかけん》から持ってきたものと同じ抱持立犂《かかえもったてすき》（160頁《ぺーじ》）である。

## 農具額《のうぐがく》（33）

山形県酒田市日吉町
日枝《ひえ》神社　（奉納《ほうのう》年月の記銘《きめい》はない）
一九一×一七六

奉納
福岡縣筑前國早良郡原村大字小田部
飽海郡稲作改良實業教師　伊佐治八郎
宗養　花押

それぞれに農具名などの朱書《しゅがき》があります。

**朱書《しゅがき》**

〈筑前中形鋤　明治廿四年拝命節持参　福岡県筑前國早良郡小田部村　山形縣飽海郡稲作改良實業教師　伊佐治八郎宗養　花押〉〈筑前草刈鎌　伊佐治八郎　花押〉〈筑前平鍬　明治廿四年拝命節持参福岡県筑前國早良郡小田部村　山形縣飽海郡稲作改良實業教師　伊佐治八郎宗養　花押〉〈筑前蟹爪　花押〉〈筑前薄鎌　花押〉

伊佐治八郎《いさじはちろう》が福岡県《ふくおかけん》から持参した農具。肖像画《しょうぞうが》（162頁《ページ》）の返礼として奉納《ほうのう》したとされる。平成20年（2008）撮影

### 伊佐治八郎《いさじはちろう》

農家の長男として、現在《げんざい》の福岡市早良区《ふくおかしさわら》小田部《こたべ》に生まれた伊佐治八郎《いさじはちろう》は、明治二四年（一八九一）、四四歳《さい》のとき稲作《いなさく》改良実業教師《かいりょうじつぎょうきょうし》として庄内《しょうない》地方に赴任《ふにん》します。それから一一年にわたり指導《しどう》をつづけ、庄内《しょうない》の人々から「米どころ庄内《しょうない》育ての親」といわれました。

指導《しどう》は稲作全般《いなさくぜんぱん》にわたりましたが、特に犂《すき》を使った馬耕と湿田《しつでん》の乾田《かんでん》への転換《てんかん》は、庄内《しょうない》地方の米作りを確《たし》かなものにしました。

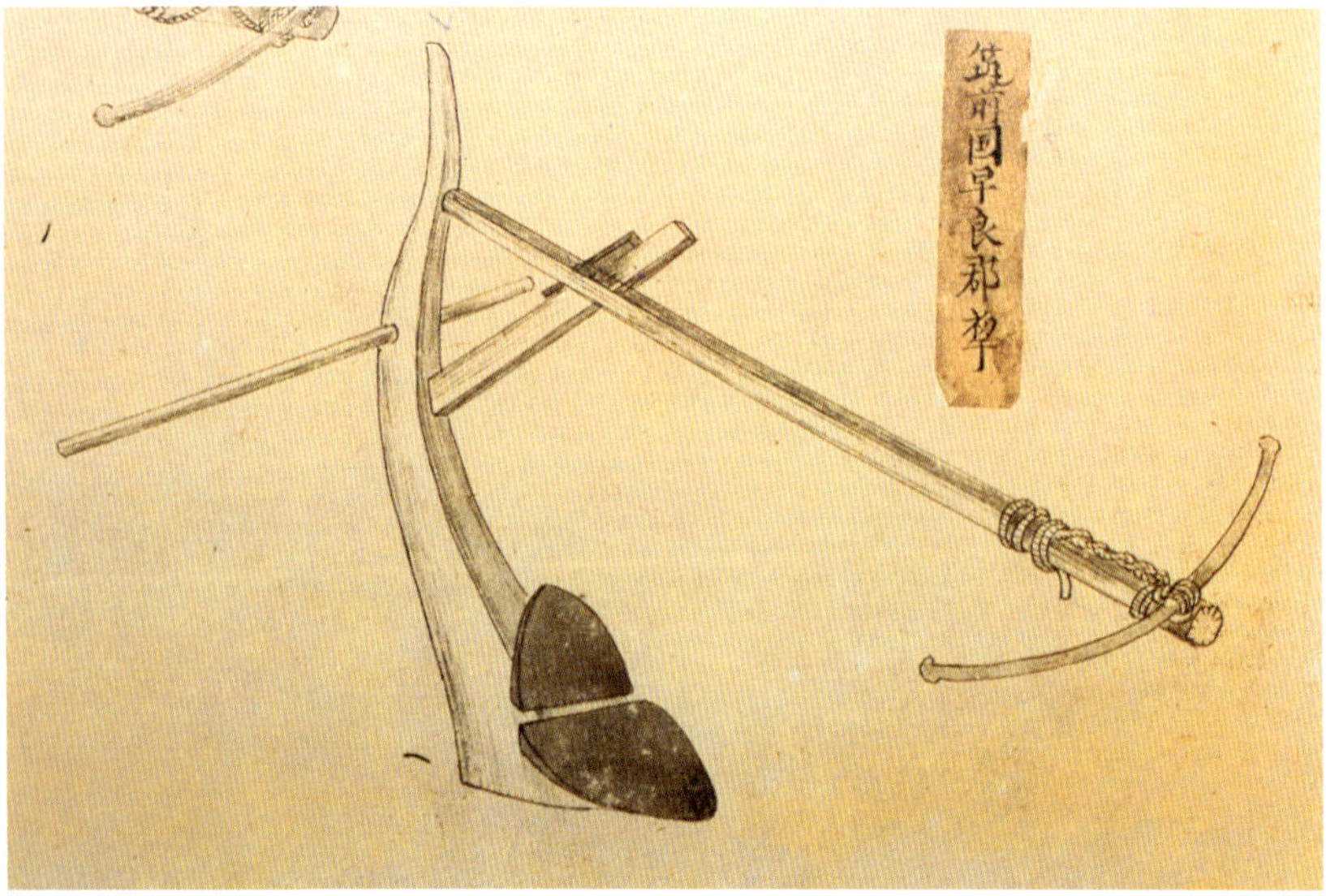


伊佐治八郎《いさじはちろう》の故郷《こきょう》の福岡県早良郡《ふくおかけんさわらぐん》で使われていた抱持立犂《かかえもったてすき》。無床《むしょう》と呼《よ》ばれる作りで、田を深く掘《ほ》るのには適《てき》していたが、操作《そうさ》が難《むずか》しく、一定の深さを保《たも》つには熟練《じゅくれん》を要した。『福岡県史《ふくおかけんし》　近代史料編《へん》』より

五月下旬《げじゅん》の庄内《しょうない》地方、田植えを終えたばかりの水田に、まだ雪をいただく鳥海山《ちょうかいさん》が逆《さか》さに映《うつ》っている。同じ風景を、馬で駆《か》けめぐった伊佐治八郎《いさじはちろう》も見たはずである。農家の人はほんのつかの間、一息入れられるときである。山形県遊佐《ゆざ》町蕨岡《わらびおか》。平成20年（2008）撮影

明治24年（1891）から11年にわたり、庄内《しょうない》地方の稲作《いなさく》改良指導《しどう》にあたった伊佐治八郎《いさじはちろう》。

伊佐治八郎《いさじはちろう》は明治30年（1897）に本間家の経営《けいえい》する新井田《にいだ》農場（のち本間農場）に招《まね》かれ、実習生や小作人に乾田《かんでん》馬耕を指導《しどう》した。写真はその様子で、ワイシャツ姿《すがた》が伊佐治八郎《いさじはちろう》、傘《かさ》をさすのは農場を作った本間家6代目の光美《こうび》。本間家では小作人に農耕馬《のうこうば》の購入《こうにゅう》貸与《たいよ》金を用意して乾田《かんでん》馬耕の普及《ふきゅう》をはかった。応《おう》じない小作人には耕作地《こうさくち》を貸《か》さないこともあった。提供《ていきょう》・酒田市立資料館《しりょうかん》

乗馬姿《すがた》の伊佐治八郎《いさじはちろう》の肖像画《しょうぞうが》。伊佐治八郎《いさじはちろう》の指導《しどう》を受けた人々が、感謝《かんしゃ》の気持ちをこめて日枝《ひえ》神社に奉納《ほうのう》した。下に「明治34年5月　池田亀太郎画」と書いてある。山形県酒田市日吉《ひよし》町。平成20年（2008）撮影

## 確《たし》かな指導《しどう》

山形県飽海郡《あくみぐん》からの稲作《いなさく》改良実業教師《かいりょうじつぎょうきょうし》の要請《ようせい》に伊佐治八郎《いさじはちろう》を推薦《すいせん》したのは、種籾《たねもみ》の「塩水《えんすい》選種法《せんしゅほう》」を完成させ、のちに東京農業大学学長となる農学者の横井時敬《よこいときよし》です。

横井時敬《よこいときよし》より一三歳《さい》年上の伊佐治八郎《いさじはちろう》は、横井時敬《よこいときよし》が福岡《ふくおか》農学校教頭および福岡《ふくおか》勧業《かんぎょう》試験場長だったころに指導《しどう》を受け、科学的な理論《りろん》に裏付《うらづ》けされた横井時敬《よこいときよし》の農学を、素直《すなお》に受け入れていました。

飽海郡《あくみぐん》での伊佐治八郎《いさじはちろう》は、農民の質問《しつもん》にていねいに、しかも実践《じっせん》できるように答えました。それは横井時敬《よこいときよし》の農学を基礎《きそ》に、伊佐治八郎《いさじはちろう》の人柄《ひとがら》を重ねたものだったようです。赴任《ふにん》した年にもう人々の信望を得たということからも、それが推測《すいそく》されます。

三〇〇〇町歩（三〇〇〇ヘクタール）を超《こ》える広大な田地を持っていた本間家《ほんまけ》が、伊佐治八郎《いさじはちろう》を指導者《しどうしゃ》として迎《むか》えるのも、確《たし》かな実績《じっせき》をあげていたからです。

本間家が伊佐治八郎《いさじはちろう》に贈《おく》った掛軸《かけじく》。〈明治36年癸卯冬月　羽後國飽海郡《うごのくにあくみぐん》花圃本間光貞《ほんまこうてい》〉と右下に記す。花圃は花鳥画を描《か》いた光貞の号。平成20年（2008）撮影

乾田紀功碑《かんでんきこうひ》。明治28年（1895）10月建立。山形県酒田市市条《いちじょう》・八幡《やわた》神社。平成20年（2008）撮影

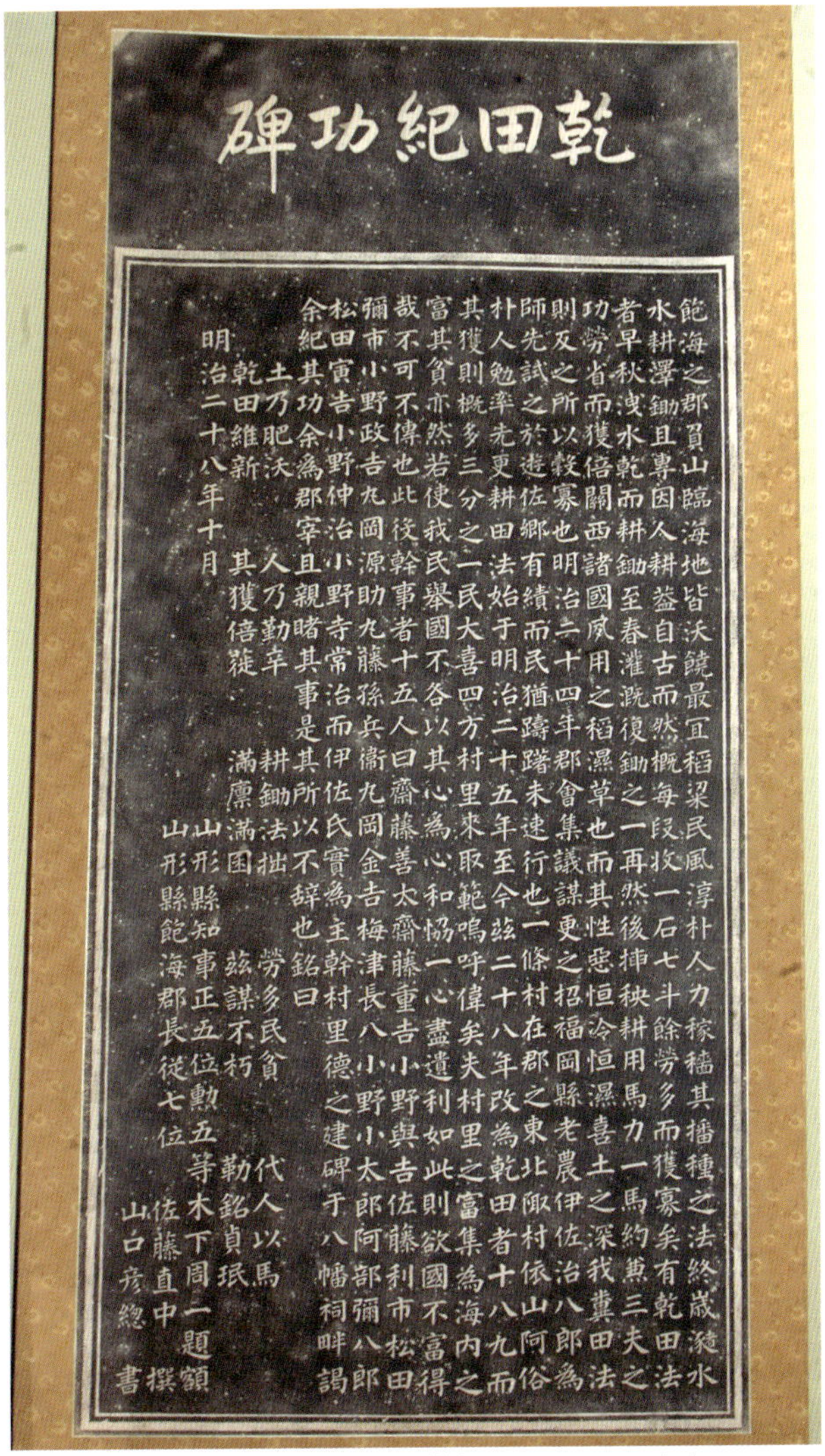

乾田紀功碑

飽海之郡負山臨海地皆沃饒最宜稻粱民風淳朴人力稼穡其播種之法終歳漑水
水耕澤鋤且專因人耕益自古而然概每段收一石七斗餘勞多而獲寡矣有乾田法
者早秋洩水乾而耕鋤至春灌漑復鋤之一再然後挿秧耕用馬力一馬約兼三夫之
功勞省而獲倍關西諸國夙用之稻濕草也而其性惡恒冷恒濕喜土之深我糞田法
則反之所以穀寡也明治二十四年郡會集議謀更之招福岡縣老農伊佐治八郎爲
師先試之於遊佐鄉有績而民猶躊躇未速行也一條村在郡之東北陬村依山阿俗
朴人勉率先更耕田法始于明治二十五年至今茲二十八年改爲乾田者十八九而
其獲則概多三分之一民大喜四方村里來取範嗚呼偉矣夫村里之富集爲海內之
富其貧亦然若使我民擧國不吝以其心爲心和協一心盡遺利如此則欲國不富得之
哉不可不傳也此後幹事者十五人曰齋藤善太齋藤童吉小野與吉佐藤利市松田
彌市小野政吉丸岡源助丸藤孫兵衛丸岡金吉梅津長八小野小太郎阿部彌八郎
松田寅吉小野仲治小野寺常治而伊佐氏實爲主幹村里德之建碑于八幡祠畔謁
余紀其功余爲郡宰且親睹其事是其所以不辭也銘曰
土乃肥沃　人乃勤辛　耕鋤法拙　勞多民貧　代人以馬
乾田維新　其獲倍蓰　滿廩滿囷　茲謀不朽　勒銘貞珉
明治二十八年十月
山形縣知事正五位勳五等木下周一題額
山形縣飽海郡長從七位佐藤直中撰
山口彥總書

乾田紀功碑《かんでんきこうひ》の拓本《たくほん》。湿田《しつでん》での収穫《しゅうかく》は一反一石七斗《と》余《よ》だったが、師《し》の指導《しどう》で収穫《しゅうかく》が増大《ぞうだい》したなどと書かれている。福岡県早良区小田部《ふくおかけんさわらくこたべ》。平成20年（2008）撮影

乾田記念碑《かんでんきねんひ》。明治28年（1895）5月建立。稲作《いなさく》改良のさまざまな方法を、先生はわずかな月日に多くの農民に指導《しどう》したなどと刻《きざ》まれている。山形県酒田市宮内《みやうち》。平成20年（2008）撮影

## 功労《こうろう》の碑《ひ》

白い顎髭《あごひげ》を生やした伊佐治八郎《いさじはちろう》は、馬に乗って東西南北を駆《か》けまわり、農民の話に耳をかたむけて適切《てきせつ》な指導《しどう》をしました。そうした伊佐治八郎《いさじはちろう》に、指導《しどう》を受けた人々はさまざまな形で感謝《かんしゃ》の気持ちを表しています。

本間牧場の本間光輝《こうき》は、明治二八年（一八九五）九月に南部産（岩手県）の青毛馬《あおげうま》を贈《おく》りました。今も見ることのできる謝意《しゃい》を表した石碑《せきひ》は二つ、ひとつは酒田市宮内《みやうち》の「乾田記念碑《かんでんきねんひ》」です。明治二八年五月の建立《こんりゅう》で、篆額《てんがく》（碑の上の題字）はときの農商務《のうしょうむ》大臣・榎本武揚《えのもとたけあき》、碑文《ひぶん》は農科大学教授になっていた恩師《おんし》の横井時敬《よこいときよし》が書いています。

酒田市市条《いちじょう》の八幡《やわた》神社境内《けいだい》に建つ「乾田紀功碑《かんでんきこうひ》」には、〈人に代わって馬で田を起こす　乾田維新《かんでんいしん》なり、これによって米の収穫《しゅうかく》は倍蓰《ばいし》（二倍から五倍）になる　廩《りん》（米蔵《こめぐら》）に満ち囷《きん》（米倉）に満つ〉というようなことが最後の方に書かれています。

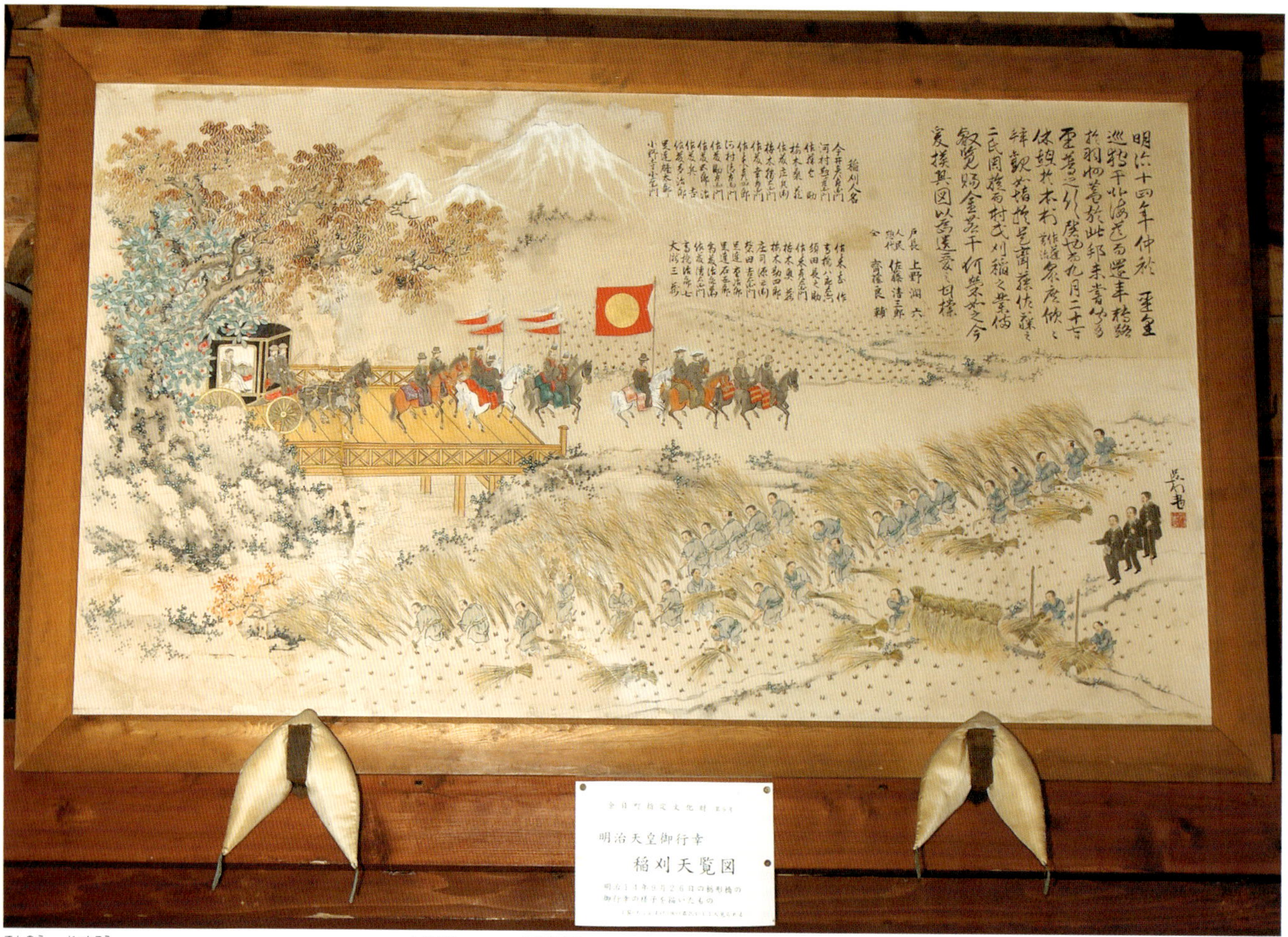


天皇《てんのう》の巡幸《じゅんこう》は主要道路を行くのが通例で、庄内《しょうない》地方の田舎道《いなかみち》を二日にわたり巡幸《じゅんこう》するのは異例《いれい》だった。明治14年（1881）7月16日付の通達「巡幸《じゅんこう》ニ付心得」の最初に、学校生徒奉送迎《ほうそうげい》は平服のママ、衣服新調必要ナシ、とある。故老《ころう》の話では、道路の端《はし》に莚《むしろ》を敷《し》き、御通輦《ごつうれん》（天皇《てんのう》の乗った馬車が通る）の際《さい》は土下座《どげざ》して送迎《そうげい》したという。平成20年（2008）撮影

## 稲刈天覧《いねかりてんらん》図（34）

山形県庄内《しょうない》町余目仲《あまるめなか》町
余目八幡《あまるめはちまん》神社
一一二×一八八

（由来書）
戸長・上野潤六　人民惣代・齋藤良輔　佐藤清三郎
（稲刈従事者二九名連記）
呂村筆　方印（呂村は仙台の画家）

### 天皇巡幸《てんのうじゅんこう》

この大絵馬《おおえま》に奉納《ほうのう》年月の記銘《きめい》はありませんが、明治天皇《てんのう》が庄内《しょうない》を巡幸《じゅんこう》した翌年《よくねん》の明治一五年（一八八二）の奉納《ほうのう》ではないかとされます。

明治維新《いしん》によって神格《しんかく》を備《そな》えた政治《せいじ》の最高権力者《けんりょくしゃ》となった天皇《てんのう》は、その天皇像《てんのうぞう》を定着させるため全国を巡幸《じゅんこう》します。明治五年（一八七二）の西国巡幸《じゅんこう》を最初に、明治一八年（一八八五）の山陽道巡幸《じゅんこう》まで、大規模《だいきぼ》な巡幸《じゅんこう》を六回行ないました。

庄内巡幸《しょうないじゅんこう》は明治一四年（一八八一）七月からの東北・北海道巡幸《じゅんこう》のときで、九月二六日に余目《あまるめ》地内の谷地田で稲刈《いねか》りを見ました。

明治天皇《てんのう》に従《したが》う人員は四〇〇人余《よ》、そのあと小休止した廻館《まわたて》の相馬繁家で、明治天皇《てんのう》は漬物《つけもの》が食べたいといいました。日々、甘《あま》い菓子《かし》ばかり食べていたことからの所望でした。突然《とつぜん》のことで、主人は燕尾服《えんびふく》姿《すがた》のまま漬物《つけもの》のある蔵《くら》の錠前《じょうまえ》をはずし、味噌漬《みそづけ》を取り出して差し上げたということです。

稲刈天覧図《いねかりてんらんず》（34）部分図。明治14年（1881）9月26日の天皇《てんのう》は、肋骨《ろっこつ》付の軍服に第二種帽《ぼう》を着用（図では被《かぶ》っていない）、下唇《したくちびる》を少し出され、眼光炯々《がんこうけいけい》の様子だったという。二頭立《にとうだて》の馬車には徳大寺侍従長《とくだいじじじゅうちょう》が陪乗《ばいじょう》した。小休止した新堀村《にいぼり》（現酒田市《げんさかたし》）の加藤《かとう》家を午後2時40分に出発、余目《あまるめ》村（現庄内町《げんしょうない》）の端《はし》の谷地田《やちだ》にくると、天皇《てんのう》は馬車を止めて村人代表の稲《いね》刈《か》りを見られた。

稲刈天覧図《いねかりてんらんず》（34）部分図。高く伸《の》びた稲《いね》をそろいの着物姿《きものすがた》で刈《か》る。なかにはまだ髷《まげ》の人もいる。この巡幸《じゅんこう》の扈従者《こじゅうしゃ》（供奉者《ぐぶしゃ》）のひとりに大隈重信《おおくましげのぶ》（のち早稲田《わせだ》大学総長《だいがくそうちょう》）がいた。大正4年（1915）に佐藤清三郎町長が請願《せいがん》のために参上したとき、首相だった大隈重信《おおくましげのぶ》はこのときの稲刈《いねか》りの印象を詳《くわ》しく話した。この稲刈天覧図《いねかりてんらんず》は、その話の内容《ないよう》そのままといえるらしい。

## 田を拓《ひら》く

左の記念碑《きねんひ》に立つ銅像《どうぞう》は、七戸《しちのへ》地方の産業の育成と、不毛の地を豊《ゆた》かな田畑にすることに一生を捧《ささ》げた工藤轍郎《くどうてつろう》です。

旧七戸《きゅうしちのへ》村と旧洞内《きゅうほらない》村にまたがる原野の荒屋平《あらやたい》の開墾《かいこん》は、その最後の事業でした。明治一四年（一八八一）に開墾《かいこん》の計画を発表すると、その地を放牧地としていた一七集落の人々から猛反対《もうはんたい》の声が起きます。それを説得して同意を取りつけるのに約二年、明治一七年（一八八四）一月に県の開墾許可《かいこんきょか》がおりると、工藤轍郎《くどうてつろう》は雪溶《ゆきど》けを待たずに開墾《かいこん》を始め、萩ノ沢《はぎのさわ》耕牧場で訓練した馬耕伝習生（一五四頁《ぺーじ》）をこの任《にん》にあたらせました。

水利の便のわるいことも克服《こくふく》しますが、開いた田での収穫《しゅうかく》は明治二四年（一八九一）までゼロに等しいものでした。

工藤轍郎《くどうてつろう》は昭和2年（1927）1月26日、荒屋平開墾地《あらやたいかいこんち》の粗末《そまつ》な農場事務所《のうじょうじむしょ》の一室でこの世を去る。79歳《さい》だった。それまでに開いた農場面積は580町歩（約580ヘクタール）、そのうち水田は250町歩。明治23年（1890）にたまたま得た肥料《ひりょう》の過燐酸石灰《かりんさんせっかい》を試験田に入れることで、荒屋平《あらやたい》で初めて稲《いね》の収穫《しゅうかく》をみる。以後、3年間の試験田での積み重ねで、荒廃《こうはい》し始めていた田地はよみがえり、去って行った移住者《いじゅうしゃ》がもどり、新たに移住《いじゅう》したいという人も現《あらわ》れる。平成21年（2009）撮影

二六〇メートルの小沼《こぬま》山の山頂《さんちょう》、前に小沼《こぬま》池がある三間四面の小沼《こぬま》神社。

小沼《こぬま》神社の厨子《ずし》の前におかれた十一面観音菩薩《かんのんぼさつ》（左）と聖観音菩薩《しょうかんのんぼさつ》（右）。手を合わせると、神と仏《ほとけ》を同時に拝《はい》することになる。秋田県大仙市《だいせんし》豊岡《とよおか》。

# 「農耕図《のうこうず》」大絵馬所在地《しょざいち》

○全国の博物館、資料館《しりょうかん》が刊行《かんこう》した絵馬の図録などを参照して作成したが、これが総《す》べてではなく、未だ公になっていない「農耕図《のうこうず》」があると思われる。
○「農耕図《のうこうず》」「四季農耕図《しきのうこうず》」を主に「地租改正測量図《ちそかいせいそくりょうず》」、「馬耕図」、「農具額《のうぐがく》」、「雨乞図《あまごいず》」など、農耕《のうこう》に関連する大絵馬《おおえま》も含《ふく》めた。
○図は絵、額《がく》は鎌《かま》などの実物を貼《は》りつけた大絵馬《おおえま》を指す。
○所在地《しょざいち》は、市町村合併《がっぺい》後の地名である。
○大絵馬名称《おおえまめいしょう》の太字は本書《ほんしょ》に掲載《けいさい》した絵馬《えま》で、その下のカッコの数字は本書《ほんしょ》の掲載頁《けいさいぺーじ》である。

| | 大絵馬名称 | 奉納年（西暦） | 所在地・奉納社寺 |
|---|---|---|---|
| 青森 | **農耕図**（一一九） | 寛政元年（一七八九）四月 | 八戸市内丸・龗神社 |
| | **馬耕講習図**（一五四） | 明治一六年（一八八三）八月 | 七戸町荒屋平・荒屋平神社 |
| 岩手 | **籾摺図**（一三〇） | 嘉永五年（一八五二）九月 | 矢巾町藤沢・稲荷神社 |
| | **四季農耕図**（六一） | 安政五年（一八五八）旧八月 | 奥州市白山・白山神社 |
| 秋田 | **皐月**（八六） | 享保一九年（一七三四） | 大仙市豊岡・小沼神社 |
| | 耕作成就祈所 | 宝暦二年（一七五二） | 横手市・増田郷土資料館 |
| | 農耕図 | 明治二八年（一八九五） | 湯沢市相川・東鳥海神社 |
| | 農事改良祈願 | 明治三四年（一九〇一） | 由利本荘市小栗山・神明社 |
| | **農耕図**（四〇） | 大正七年（一九一八） | 大仙市協和中淀川・中村神社 |
| | 農村四季図 | 昭和五一年（一九七六） | 大仙市豊岡・諏訪宮 |
| 山形 | **農耕図**（八〇） | 安政三年（一八五六）三月 | 朝日町太郎・大日堂 |
| | 四季農耕図 | 万延元年（一八六〇）一月 | 寒河江市本楯・毘沙門堂 |
| | 農耕図 | 元治二年（一八六五）五月 | 天童市道満・春日神社 |
| | **地租改正実測図**（一四九） | 明治八年（一八七五）九月 | 庄内町福島・皇大神社 |
| | 地租改正測量図 | 明治九年（一八七六）六月 | 庄内町桑田・皇大神社 |
| | 地租改正測量図 | 明治一〇年（一八七七）八月 | 三川町青山・青山神社 |

「庄内《しょうない》三十三観音《かんのん》」、十二番札所の聖観音菩薩《しょうかんのんぼさつ》。鎌倉《かまくら》時代末期の製作《せいさく》と推定《すいてい》。皇大《こうたい》神社近くに安置。山形県庄内町《しょうないまち》吉岡《よしおか》。

山形県庄内町《しょうないまち》の余目八幡《あまるめはちまん》神社。拝殿《はいでん》と本殿《ほんでん》一体で文化一一年（一八一四）建立。

| | 大絵馬名称 | 奉納年（西暦） | 所在地・奉納社寺 |
|---|---|---|---|
| 山形 | **地租改正測量図**（一五〇） | 明治一三年（一八八〇） | 酒田市吉田伊勢塚・八幡神社 |
| | **稲刈天覧図**（一六四） | 明治一五年（一八八二）か | 庄内町余目仲町・余目八幡神社 |
| | **馬耕図**（一五七） | 明治三〇年（一八九七）旧六月 | 酒田市板戸・住吉神社 |
| | **田植図**（二四） | 明治三〇年（一八九七）八月 | 庄内町余目仲町・余目八幡神社 |
| | **農耕と札打図**（九一） | 明治三一年（一八九八）三月 | 庄内町吉岡・皇大神宮 |
| | **農具額**（一六〇） | 年代不詳 | 酒田市日吉町・日枝神社 |
| | 農具図 | 明治三四年（一九〇一）八月 | 鶴岡市田川・八幡神社 |
| | 農耕図 | 明治三五年（一九〇二）三月 | 酒田市浜田・皇大神宮 |
| | **農耕図**（八〇） | 安政三年（一八五六）三月 | 朝日町太郎・大日堂 |
| | 馬耕図 | 明治三九年（一九〇六）一月 | 酒田市大宮・白鳥神社 |
| | 馬耕図 | 明治三九年（一九〇六）一月 | 酒田市生石矢流川・八幡神社 |
| | **馬耕図**（一五八） | 明治四二年（一九〇九）六月 | 鶴岡市熊出・熊岡神社 |
| | 馬耕図 | 明治四三年（一九一〇） | 鶴岡市山添・八幡神社 |
| | 開田図 | 明治時代か | 西川町吉川・月山神社 |
| | 四季農耕図 | 明治時代か | 河北町畑中・稲荷神社 |
| 宮城 | 四季農耕図 | 明治二〇年（一八八七）ころ | 岩沼市下野郷・愛宕神社 |
| 福島 | 農耕図 | 天保四年（一八三三）八月 | 喜多方市三宮・三島神社 |
| | 農耕図 | 天保年間（一八三〇～四四） | 喜多方市大都宮前・八幡神社 |
| | 豊作祈願 | 嘉永五年（一八五二） | 田村市門鹿・王子神社 |
| | 農稼十二ヶ月之図 | 安政五年（一八五八） | 会津高田市永井野・熊野神社 |
| | 四季農耕図 | 江戸時代末 | 喜多方市慶徳・稲荷神社 |
| | 稲作図 | 慶應元年（一八六五） | 喜多方市相川・熊野神社 |
| | **田口組丈量之図**（一五二） | 明治九年（一八七六）七月 | 伊達市梁川町・天神社 |
| | 農耕図彫刻 | 明治一〇年（一八七七） | 広野町・太田農神社 |
| | 農耕図 | 明治二四年（一八九一） | 大玉村大山・神原田神社 |
| | 農耕図彫刻 | 年代不詳 | 福島市・篠葉沢稲荷神社 |
| 栃木 | 田植図 | 文政一〇年（一八二七） | 野木町野渡・熊野神社 |
| | 収穫図 | 天保一五年（一八四四） | さくら市馬場・今宮神社 |
| | 地租改正図 | 明治一五年（一八八二） | 佐野市高萩町・諏訪神社 |
| | 四季農耕図 | 明治一八年（一八八五） | 小山市犬塚・金山神社 |

千葉県大網白里町《おおあみしらさと》南今泉の稲生《いなお》神社。向かって左に新築《しんちく》の絵馬堂があり、たくさんのさまざまな図の大絵馬《おおえま》が、きちんと整理、展示《てんじ》されている。

| | 大絵馬名称 | 奉納年（西暦） | 所在地・奉納社寺 |
|---|---|---|---|
| 栃木 | 農耕図 | 年代不詳 | さくら市上阿久津・与作稲荷神社 |
| 栃木 | 農耕図 | 年代不詳 | 宇都宮市平出町・雷電神社 |
| 栃木 | 四季農耕図 | 年代不詳 | 高根沢町飯室・星宮神社 |
| 栃木 | 四季農耕図彫刻 | 年代不詳 | 鹿沼市久野旧・小松神社 |
| 茨城 | 四季農耕図 | 明治一五年（一八八二）旧一〇月 | 八千代町菅谷・香取神社 |
| 茨城 | 四季農耕図 | 明治三〇年（一八九七） | 取手市・姫宮神社 |
| 群馬 | 四季農耕図 | 明治三年（一八七〇） | 館林市成島・大谷神社 |
| 群馬 | 四季農耕図 | 明治一一年（一八七八） | 館林市赤生田・駒形神社 |
| 埼玉 | 農耕図 | 寛政一二年（一八〇〇） | 吉見町御所・安楽寺 |
| 埼玉 | 農耕図 | 嘉永七年（一八四九） | 蕨市錦町・高窪稲荷 |
| 埼玉 | 豊作農耕図 | 嘉永三年（一八五〇）一二月 | 栗橋町間鎌・間鎌稲荷社 |
| 埼玉 | 農耕作業図 | 明治一三年（一八八〇）四月 | 栗橋町北広島・地蔵堂 |
| 埼玉 | 新川通略図 | 明治一三年（一八八〇）九月 | 大利根町新川通・神武天皇社 |
| 千葉 | 庭仕事図 | 嘉永三年（一八五〇） | 八街市根古谷・法宣寺 |
| 千葉 | **四季農村と漁村図**（四四） | 明治時代 | 大網白里町南今泉・稲生神社 |
| 東京 | 四季農耕図 | 明治一八年（一八八五） | 板橋区若木・若木稲荷神社 |
| 東京 | 四季農耕図 | 年代不詳 | 葛飾区西水本・坂本稔所蔵 |
| 神奈川 | 信州鎌 | 明治二一年（一八八八）初冬 | 伊勢原市大山・大山寺 |
| 神奈川 | 鎌額（三個） | 明治三四年（一九〇一）二月 | 厚木市三田・厚木郷土資料室 |
| 神奈川 | 鎌額（一個） | 明治三七年（一九〇四）三月 | 厚木市飯山・龍蔵神社 |

京都府福知山市三和町の大原《おおばら》神社。俳句《はいく》の季語にある「大原志《おばらざし》」の社である。

大原《おおばら》神社の絵馬堂。茅葺《かやぶき》屋根の堂内に、たくさんの大絵馬《おおえま》が掲《かか》げられている。

| | 大絵馬名称 | 奉納年（西暦） | 所在地・奉納社寺 |
|---|---|---|---|
| 新潟 | **四季耕作図**（三四） | 文政二年（一八一九）三月 | 燕市下粟生津・赤坂諏訪神社 |
| | 四季耕作図 | 天保一〇年（一八三九）三月 | 上越市虫川・白山神社 |
| | 農事図 | 天保一〇年（一八三九） | 燕市・諏訪神社 |
| 富山 | 農作業之図 | 文政一四年（一八三一）八月 | 黒部市前沢・八幡社 |
| 石川 | 田園四季農耕図 | 弘化三年（一八四六）六月 | 加賀市敷地町・菅生石部神社 |
| 福井 | 農耕図 | 寛文五年（一六六五）七月 | 武生市中平吹町・日野神社 |
| | 鎌額 | 明治三四年（一九〇一）一一月 | 武生市あおば町・北野天満宮 |
| | 鎌額 | 明治四一年（一九〇八）八月 | 武生市中平吹町・日野神社 |
| 愛知 | 農耕図 | 明治一一年（一八七八） | 岡崎市・法性寺 |
| | 脱穀農婦図 | 年代不詳 | 岡崎市元能見町・平八稲荷社 |
| 岐阜 | 田植図 | 年代不詳 | 大垣市赤坂町・明星輪寺 |
| | 四季農耕図 | 明治時代初期 | 中津川市福岡・榊山神社 |
| 京都 | **春耕図**（一二八） | 天和二年（一六八二）一二月 | 京都市南区上久世・蔵王堂光福寺 |
| | **四季耕作図**（九七） | 慶應四年（一八六八）八月 | 福知山市大原・大原神社 |
| 奈良 | 四季農耕図 | 文久三年（一八六三）秋 | 橿原市曽我町・天高市神社 |
| | 四季農耕図 | 江戸時代末 | 御所市室・八幡宮 |
| | **四季農耕図**（一三） | 明治二三年（一八九〇） | 大和高田市曽大根・曽弥神社 |
| | **晴雨馬図**（一〇〇、一〇一） | 江戸時代・明治時代 | 奈良市日笠町・天満神社 |
| | **雨乞祈念図**（一〇二） | 明治二七年（一八九四）一一月 | 川西町結崎・糸井神社 |
| | 四季農耕図 | 明治二八年（一八九五）旧八月 | 橿原市新口・須賀神社 |
| | **四季農耕図**（一三八） | 明治三〇年（一八九七）九月 | 葛城市南今市・磐城小学校 |
| | 四季農耕図 | 明治時代 | 香芝市五ヵ所・厳島神社 |
| 和歌山 | **四季農耕図**（一〇八） | 文久元年（一八六一）八月 | 和歌山市釜谷・小倉神社 |

奈良県《ならけん》大和高田市曽大根《そおね》・曽弥《そや》神社の社叢《しゃそう》。拝殿《はいでん》の正面に農耕図《のうこうず》を掲《かか》げる。

和歌山県和歌山市金谷《かなや》の小倉神社。和歌山市郊外《こうがい》の静かな丘《おか》の上にある。

| | 大絵馬名称 | 奉納年（西暦） | 所在地・奉納社寺 |
|---|---|---|---|
| 兵庫 | 四季農耕図 | 慶應二年（一八六六） | 姫路市香寺町相坂・若都王子神社 |
| | 四季農耕図 | 慶應二年（一八六六） | 姫路市飾東町塩崎・春日野神社 |
| | **四季農耕図**（一三四） | 慶應四年（一八六八）六月 | 神河町中村・埋田神社 |
| | 四季農耕図 | 江戸時代末 | 姫路市阿成・早川神社 |
| | 四季農耕図 | 明治六年（一八七三）夏 | 神河町加納・八幡神社 |
| | 農耕図 | 明治一〇年代 | 赤穂市有年牟礼・牟礼八幡神社 |
| | **農耕図**（一三五） | 明治一九年（一八八六）三月 | 西宮市甑岩・越木岩神社 |
| | 四季農耕図 | 明治年間 | 姫路市別所町佐土新・白髭神社 |
| | 四季農耕図 | 大正一〇年（一九二一）八月 | 姫路市豊富町黒田・大年神社 |
| | 農耕図 | 昭和三八年（一九六三）一〇月 | 姫路市香寺町相坂・若都王子神社 |
| | 四季農耕図 | 年代不詳 | 姫路市御国府町・大歳神社 |
| 広島 | 測量図 | 明治九年（一八七六） | 庄原市板橋町・西原八幡神社 |
| 山口 | 耕作図 | 安政四年（一八五七） | 山口市三の宮・仁壁神社 |
| 愛媛 | **四季耕作図**（七三） | 安政五年（一八五八） | 松前町徳丸・高忍日賣神社 |
| 高知 | 田植図 | 明治三一年（一八九八） | 香南市・宝田神社 |
| | 稲作図 | 明治三五年（一九〇二） | 南国市・剣尾神社 |
| 福岡 | 農耕図 | 天明四年（一七八四）八月 | 朝倉市古毛・老松神社 |
| | 農耕図 | 寛政五年（一七九三）八月 | 古賀市莚内・熊野神社 |
| | 農耕図 | 天保五年（一八三四）二月 | うきは市吉井町溝口・溝口天満宮 |
| | 農耕図 | 天保六年（一八三五）夏 | 久留米市玉満・小犬塚天満宮 |
| | 四季農耕図 | 天保七年（一八三六） | 飯塚市大分・大分八幡宮 |
| | **農耕図**（七二） | 弘化二年（一八四五）五月 | 朝倉市入地・福成神社 |
| | 農耕図 | 嘉永元年（一八四八） | 八女市上陽町田代・弓矢八幡宮 |
| | **農耕図**（一一二） | 嘉永二年（一八四九） | 八女市岩崎・宇佐八幡宮 |
| | **當村之圖**（五四） | 嘉永三年（一八五〇）六月 | うきは市吉井町屋部・老松神社 |
| | 農耕図 | 安政二年（一八五五）六月 | 福岡市西区今宿青木・八雲神社 |
| | 農耕図 | 安政二年（一八五五） | 広川町太原・熊野早玉神社 |

福岡県《ふくおかけん》うきは市浮羽《うきは》町田籠《たごもり》の諏訪《すわ》神社。田籠《たごもり》は奥深《おくふか》い山間の集落である。

諏訪《すわ》神社本殿《ほんでん》の柱にくくりつけた鼻高面《はなたかめん》。大絵馬《おおえま》を守っているようでもある。

| | 大絵馬名称 | 奉納年（西暦） | 所在地・奉納社寺 |
|---|---|---|---|
| 福岡 | 農耕図 | 文久三年（一八六三） | 久留米市荒木町藤田・玉垂神社 |
| | **農耕図**（一二五） | 江戸時代 | うきは市吉井町橘田・竈門神社 |
| | **農耕図**（七六） | 江戸時代 | うきは市浮羽町小塩・小椎尾神社 |
| | 農耕図 | 江戸時代 | 飯塚市川島・川島八幡宮 |
| | **農耕図**（四八） | 江戸時代末 | 朝倉市大字柿原・高住神社 |
| | 農耕図 | 明治初～中期か | うきは市浮羽町田籠・諏訪神社 |
| | 農耕図 | 明治七年（一八七四）秋 | 八女市北田形・熊野神社 |
| | 農耕図 | 明治一〇年（一八七七）一〇月 | 福津市在自・金刀比羅神社 |
| | 農耕図 | 明治一一年（一八七八）旧九月 | 久留米市御井町・大学稲荷神社 |
| | **農耕図**（一四二） | 明治一五年（一八八二）三月 | 飯塚市椿・椿八幡宮 |
| | 農耕図 | 明治二三年（一八九〇）九月 | 前原市高祖・徳満神社 |
| | 農耕図 | 明治三〇年（一八九七）二月 | 嘉麻市口春・厳嶋神社 |
| | 農耕図 | 明治三〇年（一八九七）六月 | 朝倉市草水・八大龍王神社 |
| 大分 | 農耕図 | 万延元年（一八六〇） | 国東市富来浦・年神社 |
| | 農耕図 | 明治三年（一八七〇） | 国東市見地・小松神社 |
| | 農耕図 | 明治五年（一八七二） | 国東市富来・八坂社 |
| | 四季農耕図 | 明治六年（一八七三） | 日田市柚木・老松天満宮 |
| | 農耕図 | 明治二〇年（一八八七）か | 国東市岩戸寺・六所神社 |
| | 農耕図 | 大正二年（一九一三） | 国東市下成仏・天満社 |
| | 農耕図 | 大正五年（一九一六） | 国東市中田・歳神社 |
| | 農耕図 | 年代不詳 | 国東市岩屋・熊野神社 |
| | 農耕図 | 年代不詳 | 国東市山吹・初八坂社 |
| | 農耕図 | 年代不詳 | 豊後高田市夷・六所神社 |
| 佐賀 | 四季農耕図 | 年代不詳 | 武雄市・稲主神社 |
| | 四季農耕図 | 年代不詳 | 武雄市・黒神神社 |

○「四季耕作図」（新潟県燕市下粟生津・赤坂諏訪神社）は、良寛史料館保管。
○「四季農耕図」（奈良県葛城市・磐城小学校）は、葛城市歴史博物館収蔵。
○「四季農耕図」（和歌山県和歌山市金谷・小倉神社）は、和歌山市立博物館収蔵。
○「農耕図」（兵庫県姫路市香寺町相坂・若都王子神社）は、香寺民俗資料館収蔵。
○「農耕図」（福岡県八女市岩崎・宇佐八幡宮）は、八女市民俗資料館収蔵。

# 参考文献

## 書籍

●著者もしくは編者（版元）、書名、発行地、発行所、発行年の順で記す。
●発行年は西暦で統一した。編者が多い場合は発行所版とした。
●書名の市町村名には合併前のものもある。


余目町編『余目町史　下巻』山形・余目町　一九九〇年
市場直次郎著『筑紫野の絵馬』福岡・西日本文化協会　一九七四年
岩井宏実著『絵馬』東京・法政大学出版局　一九七四年
浮羽町史編纂委員会編『浮羽町史』福岡・浮羽町　一九八八年
大網白里町史編さん委員会編『大網白里町史』千葉・大網白里町　一九八六年
庄内町教育委員会編『庄内町の文化財』山形・庄内町教育委員会　二〇〇七年
大原町史編さん委員会編『大原町史　通史編』千葉・大原町　一九九三年
角川書店編『圖説　俳句大歳時記』全五巻　東京・角川書店　一九七三年
児玉幸多著『近世農民生活史』東京・吉川弘文館　一九八六年
須藤功編『写真でみる　日本生活図引』全九巻　東京・弘文堂　一九八九年
須藤功著『大絵馬集成－日本生活民俗図誌－』京都・法藏館　一九九二年
須藤功著『写真ものがたり　昭和の暮らし1　農村』東京・農山漁村文化協会　二〇〇四年
冷泉為人・河野通明・岩﨑竹彦著『瑞穂の国・日本』京都・淡交社　一九九六年
七戸町史編さん委員会編『七戸町史』青森・七戸町　一九八五年
西日本文化協会編『福岡県史　近代史料編』福岡・西日本文化協会　一九八二年
日本民具学会編『日本民具辞典』東京・ぎょうせい　一九九七年
宮本昭男著『伊佐治八郎』福岡・ふるさと早良会　二〇〇六年
大和高田市史編纂委員会編『高田市史　後編』奈良・大和高田市　一九八七年
吉井町誌編纂委員会編『吉井町誌』福岡・ぎょうせい　一九七九年
渡辺信三著『やまがたの絵馬』山形・やまがた散歩社　一九八五年


## 論文・論考


川向富貴子「四季農耕図」絵馬『民具マンスリー』四〇－四・東京　二〇〇七年
渡部景俊「秋田県内の農耕図」『秋田民俗』二四・秋田　一九九八年


## 図録

●編集と発行所が同一の場合は発行の記載を省略した。
●副題は省略した。


秋田県立博物館編『絵馬』秋田・二〇〇一年
飯塚市歴史資料館編『飯塚地方の絵馬』福岡・一九八四年
板橋区立郷土資料館編『絵馬と農具にみる近代』東京・一九九〇年
茨城県立歴史館編『絵馬』茨城・一九九八年
岩木町教育委員会編『岩木の絵馬』青森・一九八九年
岩手県立博物館編『岩手の絵馬』岩手・一九八五年
大網白里町教育委員会編『大網白里町の絵馬』千葉・一九九六年
大利根町文化財保護審議調査委員会編『大利根町の繪馬』埼玉・大利根町教育委員会　一九八四年
大野城市教育委員会編『大野城市の文化財』福岡・21・25・一九八九・一九九三年
角田市教育委員会編『絵馬』宮城・一九八三年
岐阜県博物館編『岐阜県博物館調査研究報告　3』岐阜・一九八二年
京都府立山城郷土資料館編『祈りとくらし』京都・一九八四年
栗橋町文化財保護審議調査委員会編『栗橋町の絵馬』埼玉・栗橋町教育委員会　一九八五年
志木市教育委員会編『志木市の絵馬』埼玉・一九八三年
那珂川町教育委員会編『那珂川町の絵馬』福岡・一九九四年
名古屋市博物館編『絵馬』愛知・一九八二年
奈良県立民俗博物館編『奉懸絵馬と村のくらし』奈良・一九八二年
新潟県立歴史博物館編『絵馬』新潟・二〇〇三年
八戸市博物館編『八戸の絵馬』青森・一九八七年
兵庫県立歴史博物館編『兵庫の絵馬』兵庫・一九八五年
福岡県立美術館編『絵馬』福岡・一九九九年
福島県教育委員会編『福島の絵馬』福島・一九七七年
福津市教育委員会編『福津の絵馬』福岡・二〇〇八年
山形県立博物館編『山形県の絵馬』山形・一九八五年
山形県立博物館編『絵馬に見るなりわいと祭り』山形・一九八六年
栗東歴史民俗博物館編『四季耕作図の世界』滋賀・一九九二年

著者略歴

## 須藤　功（すとう・いさを）

昭和13年（1938）秋田県横手市生まれ。

民俗学写真家

民俗学者・宮本常一に師事し、庶民の生活を写真で記録するとともに、その生活史研究のために全国を旅すること3000日余、今も大絵馬の取材をかねて歩きつづける。

日本地名研究所より第8回「風土研究賞」を受ける。

著書

『西浦のまつり』『山の標的－猪と山人の生活誌－』（未來社）『大絵馬集成－日本生活民俗誌－』（法藏館）『葬式　あの世への民俗』『神と舞う俳優たち　伝承芸能の民俗』（青弓社）『花祭りのむら』（福音館書店）『道具としてのからだ』『祖父の時代の子育て』（草の根出版会）『写真ものがたり　昭和の暮らし』全10巻『写真集山古志村－宮本常一と見た昭和46（1971）年の暮らし－』（農山漁村文化協会）など。

共著

『アイヌ民家の復元　チセ・ア・カラ』（未來社）『日本民俗宗教図典』全3巻（法藏巻）『上州のまつりとくらし』（煥乎堂）『昭和の子どもたち』（学習研究社）『写真で綴る昭和30年代　農山村の暮らし』『写真で綴る萱野茂の生涯　アイヌの魂と文化を求めて』（農山漁村文化協会）『日本各地の伝統的なくらし』全7巻（小峰書店）など。

編著

『写真でみる　日本生活図引』全9巻（弘文堂）『図集　幕末・明治の生活風景』（東方総合研究所）『写真でつづる宮本常一』（未來社）など。


**大絵馬ものがたり　1　稲作の四季**

2009年9月30日第１刷発行

著者　須藤　功

発行所　社団法人　農山漁村文化協会
郵便番号　107-8668　東京都港区赤坂７丁目６番１号
電話　03（3585）1141（営業）　03（3585）1147（編集）
FAX　03（3589）1387　振替　00120-3-144478
URL http://www.ruralnet.or.jp/

ISBN978-4-540-09139-1
〈検印廃止〉



印刷・製本／（株）東京印書館

定価はカバーに表示